니하오, 중국

호기심 많은 아이를 위한 문화 여행

이자벨라 칼루타 글

야첵 암브로제프스키 그림 | 김영화 옮김

풀빛

무엇이든
만드는 공장

이 책을 읽는 친구들은 스파게티를 좋아하나요?

아이스크림은요?

연날리기도 좋아하나요?

그럼 불꽃놀이는요?

싫어하는 친구는 별로 없을 거예요.

그런데 이게 다 중국에서 처음 만들어졌다는 걸 알고 있나요?

중국은 아시아에서 가장 면적이 넓고, **인구는 세계에서 가장 많아요.** 중국의 인구는 빠르게 늘어 14억 명이 넘었어요. 대략 지구상에 살고 있는 약 70억 명의 지구인 다섯 명 중 한 명은 중국에 살고 있다는 뜻이지요. 중국의 공식 이름은 중화 인민 공화국이랍니다.

전 세계 여러 나라의 문화나 생활 방식은 다 달라요. 하지만 중국은 우리나라와 비슷한 점이 많아요. 먼저 중국에서는 '한자'를 사용해요. 음식을 먹을 때는 젓가락(76쪽을 보세요.)을 사용하지요. 고개를 숙여 인사를 하고, 서로 선물을 주고받으며 호의를 베풀어요. 하지만 우리나라와 달리 중국에서는 큰 건물을 지을 때 종종 건물 한가운데 제법 넓은 공간을 남겨 두어요. **용**(48쪽을 보세요.)이 드나들 수 있는 통로를 만들어 놓는 것이랍니다. 아침 식사로 죽을 즐겨 먹어요. 그리고 **체면**을 아주 중요하게 여긴답니다.

중국 사람들은 기발한 발명을 많이 했어요. 종이나 나침반, 화약, 성냥 같은 것들이 중국에서 가장 처음 만들어졌어요. 그뿐만 아니라 스파게티나 아이스크림처럼 이탈리아가 먼저 떠오르는 음식도 중국에서 이탈리아로 전해진 것들이랍니다.

지금은 중국을 가리켜 세계에서 가장 큰 공장이라고 해요. 중국에서는 무엇이든 만들어 낼 수 있으니까요! 여러분 주위에 있는 물건들을 한번 살펴보세요. 물건에 달린 꼬리표나 스티커, 포장지를 보면 대부분 **MADE IN CHINA**(중국산)라는 문구가 적혀 있을 거예요. 여러분이 입고 있는 티셔츠나 스웨터, 점퍼, 신발은 물론 접시나 컵, 볼펜, 장난감, 휴대 전화, 컴퓨터, 태블릿에도요.

이런 물건을 다 만들려면 얼마나 많은 사람이 필요하고, 얼마나 많은 작업을 해야 하는 걸까요?

몇 년 전, 중국의 유명 예술가 아이웨이웨이는 넘쳐 나는 인구와 대량 생산 등 변화하는 중국 사회에 문제를 던지고 답을 하려고 했어요. 아이웨이웨이는 영국 런던에 있는 유명한 현대 미술관인 테이트 모던의 터빈 홀을 도자기로 만든 해바라기씨 1억 개로 가득 채웠어요. **도자기**로 만든 씨앗이 깨지지 않게 바닥에 두툼한 회색 카펫을 깔았지요. 식당에 자리가 나는 걸 기다리면서 해바라기씨를 까먹는 사람들을 떠올리며 이 작품을 구상했다고 해요. 해바라기씨는 아주 오래전부터 도자기(158쪽을 보세요.) 공예로 유명한 중국 도시 징더전에 있는 수백 명의 도공들이 2년 반이라는 긴 시간 동안

한 알 한 알 만든 도자기 작품이에요.
손으로 만들고 섬세하게 색을 칠한 1억 개의 씨라니, 상상이 되나요?
이런 것이 만들어지는 중국에 가 보고 싶지요?

이제 지갑에 중국 돈을 넣고 공항으로 가 볼까요? 중국의 화폐 단위는 **위안**이라고 하고, 일반적으로 말을 할 때는 **콰이**라고 해요.
그런데 잠깐만요, 왜 이렇게 서두르나요? 중국 사람들은 헤어질 때 이런 인사말을 자주 해요. **만조우!** 이 말은 "천천히 가." 또는 "살펴서 가."라는 뜻이에요. 천천히 가는 게 건강에도 좋고, 지식을 쌓는 데도 좋아요. 그러다 보면 중국에 대해 많이 알고 잘 이해하게 될 거예요. 천천히 가도 괜찮아요. 중국은 수천 년 전부터 바로 그 자리에 있었으니까요.

1.  **하얼빈** – 해마다 하얼빈에서는 세계적인 눈과 얼음 축제가 열려요. 이 도시는 19세기 말, 철도를 건설하면서 발달하기 시작했어요. 철도를 만들 당시 많은 외국 사람이 공사에 참여했고, 이후 하얼빈에 정착해 살기도 했어요.

2.  **베이징** – 중국의 수도예요. 금지된 도시라는 뜻의 궁궐 쯔진청(자금성)과 톈안먼(천안문) 광장, 황실의 여름 궁전인 이허위안(이화원), 톈단 공원, 드럼 타워, 종탑, 일상을 엿볼 수 있는 후퉁 거리(124, 130, 138쪽을 보세요.)까지 모두 베이징에 있어요!

3.  **만리장성** – 중국 문명의 상징이에요. 만리장성은 적의 공격으로부터 중국을 보호하는 역할을 했어요. 성곽 중 보존이 잘되어 있는 부분은 명나라 때 쌓은 곳으로, 그 길이는 약 8,850킬로미터라고 해요. (170쪽을 보세요.)

4.  **취푸** – 중국 산둥성에 있는 도시예요. 이곳에는 중국의 가장 중요한 사상가이자 유교의 창시자인 공자의 집과 무덤이 있어요. 공자는 전통에 대한 균형과 예의를 중시했어요. 긴 세월 동안 공자의 사상은 점점 큰 뜻을 갖게 되었고, 제자들이 많이 따랐어요.

5.  **핑야오** – 이곳은 마치 몇백 년 전에 시간이 멈춘 듯한 느낌을 주는 고대 도시예요. 옛날 중국의 모습을 보면서 옛 시대의 분위기를 느낄 수 있어요.

6.  **시안** – 시안은 비단길(193쪽을 보세요.)이 시작되는 도시예요. 비단길을 오가며 유럽과 무역을 했어요. 시안 근교에는 중국을 최초로 통일한 진의 시황제 무덤과 무덤을 지키는 흙으로 빚은 병사들도 볼 수 있어요.(166쪽을 보세요.)

7.  **고비** – 전 세계에서 두 번째로 넓은 사막이에요.

8.  **청두** – 쓰촨성에 있는 도시예요. 이 지역은 매운 음식으로 유명해요. 쓰촨 후추, 대왕판다의 서식지(118쪽을 보세요.)와 대나무 숲으로도 잘 알려졌어요.

9.  **러산대불** – 거대한 바위를 조각해 만든 커다란 불상이에요. 돌산 전체를 이용해 만든 이 불상은 높이가 71미터나 돼요! 보통 키의 어른도 러산대불의 발가락보다 작아요.

10.  **히말라야** – 세계에서 가장 높은 산맥이에요. 이 산맥에서 가장 높은 봉우리는 에베레스트산으로, 중국과 네팔의 국경에 있어요. 중국에서는 산의 높이를 8,844미터로, 미국에서는 8,850미터로 측정했어요. 중국은 에베레스트를 티베트식으로 주무랑마라고 불러요.

11.  **포탈라궁** – 티베트의 수도인 라싸에 있는 궁전이에요. 티베트의 정신적 지도자인 달라이 라마가 살던 곳이에요. 티베트 불교 신자의 성지이기도 해요.

12. 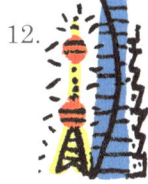 **상하이** – 중국에서 가장 면적이 넓은 도시예요.(160쪽을 보세요.) 멋진 중국식 정원과 절이 하늘을 찌를 듯한 높은 빌딩들에 둘러싸여 있어요. 만들어진 지 얼마 안 된 푸둥의 상업 지역에는 높이 632미터의 상하이 타워가 있어요. 중국에서 가장 높은 건물이에요.

13. 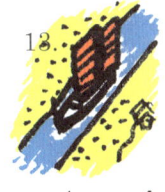 **대운하** – 중국의 남쪽과 북쪽을 연결해 물건을 운송하던 수로예요. 세계에서 가장 긴 물류 운송 수로랍니다.

14.  **쑤저우** – 운하와 다리, 멋진 정원과 비단(193쪽을 보세요.)의 도시예요. 중국의 베네치아라고도 불러요.

15.  **웨이팡** – 여기에서 하늘에 날리는 연이 처음 만들어졌다고 해요.

16.  **난징** – 중국의 옛날 수도예요. 중국 사람들은 여러 번 수도를 옮겼답니다.(124쪽을 보세요.)

17. 구이린 – 기괴한 형태의 산과 계단식 논으로 둘러싸인 도시예요. 마치 안개가 은은하게 퍼지는 풍경이 마치 그림 같아요. 20위안짜리 지폐에 담을 정도로 중국 사람들은 구이린의 신비로운 풍경을 좋아해요.

18. 양쉬 – 구이린시에 있는 유명 관광지로, 곡창 지대 사이로 자전거를 타고 다닐 수 있어요. 리강에서는 나룻배를 타고 어부들이 가마우지를 이용해 옛날 방식으로 낚시하는 모습을 구경할 수도 있지요.

19. 양쯔강 – 중국에서 가장 긴 강이에요. 길이는 약 6,300킬로미터 정도이고, 중국 대륙을 통과해 흘러간답니다.

20. 싼샤댐 – 양쯔강 중상류에 있는 싼샤댐은 세계에서 용량이 가장 큰 댐이에요.

21. 황허강 – 중국에서 두 번째로 긴 강이에요. 황허강 유역을 중심으로 중국 문명이 발생한 것으로 알려졌어요.

22. 샤오린샤 – 중국 허난성 산악 지역의 숲속에 있는 절이에요. 옛날에 이 절에 강도들이 습격한 적이 있었어요. 그 뒤로 그곳 스님들은 무술(185쪽을 보세요.)을 익히고 수련하기 시작했다고 해요. 시간이 흐르면서 무술 학교도 만들어 운영했어요.

23. 스린 – 마치 동물과 나무의 모습을 떠올리게 하는 석회암들이 뾰족하게 솟아 있는 지역이에요. 돌들이 숲을 이루고 있다 하여 돌의 숲이라는 뜻의 스린이라는 이름을 가지게 되었어요.

24.  **광저우** – 주장강 유역에 자리 잡은 대도시예요. 오랜 시간 동안 국제 자유 무역이 이루어진 중국의 유일한 항구였어요. 아마 그래서 세계적으로 알려진 중국 음식 가운데 이 지역 음식이 많은지도 몰라요.

25.  **홍콩** – 세계에서 인구 밀도가 가장 높은 지역이에요. 오래전에 홍콩은 영국에 속했어요. 그래서 홍콩에 가면 이층 버스, 좌측통행, 숨 막힐 듯 아름다운 야경이 펼쳐지는 빅토리아 언덕 등 영국을 떠올리게 하는 것들이 많아요.

26.  **하이난** – 중국 남쪽에 있는 열대 섬이에요. 푸른빛의 바다와 햇빛, 야자나무, 해변 덕분에 중국의 하와이라는 수식어를 얻었어요. 중국 사람들이 즐겨 찾는 휴양지랍니다.

27.  **항저우** – 굉장히 아름다워서 중국인들이 "하늘에 천국이 있다면, 땅에는 쑤저우와 항저우가 있다."고 할 정도로 아름다운 도시예요. 이 지역에서 중국에서 가장 훌륭한 차로 평가받는 룽징차가 생산돼요. '룽징'은 용의 우물(92쪽을 보세요.)이라는 뜻이에요.

중국에 대한 다양한 이야기와 지리

中国邮正文

CHINA POST

16

보통 중국 사람들은 시원한 밀짚모자를 쓰고, 젓가락으로 밥을 먹고, 자전거를 많이 타고 다니고(198쪽을 보세요.), 공원에서 체조를 하고(180쪽을 보세요.), 서로 비슷하게 생긴 것처럼 보여요. 하지만 중국에 가 본 사람들은 "생각했던 것과는 완전히 달라."라고 말을 해요.

지도를 한번 볼까요? 중국의 면적은 유럽 전체와 비슷하고, 무려 14개의 나라와 국경을 접하고 있어요. 중국은 어마어마하게 큰 나라예요. 해변에 야자수가 있는 열대 기후의 섬과 식물이 자라지 못하는 사막이 있어요. 반면 겨울에는 기온이 영하 40도까지 떨어져 겨울철 가장 큰 볼거리인 눈과 얼음 축제가 열리는 곳도 있지요.

중국은 지역마다 자연환경도 다르고 문화도 완전히 달라요. 광저우와 베이징에 사는 사람들은 다른 말을 쓸 뿐만 아니라 생김새도 조금 다르지요. 패션 스타일이나 맛있다고 생각하는 음식도 다르답니다.

지역에 따라 생활 모습도 극과 극이에요. **베이징**(124쪽을 보세요.), **상하이**(160쪽을 보세요.) 또는 **홍콩** 같은 도시에서의 삶은 다른 나라 대도시와 비슷해요. 하늘을 찌를 듯 솟은 고층 빌딩, 자동차로 가득 찬 넓은 도로, 양산을 쓰고 햇빛을 피하는 사람들, 비싼 정장을 입고 다니는 회사원들. 거리는 수많은 사람과 자동차 경적 소리, 자전거 벨소리로 떠들썩해요. 사람들은 모두 어디론가 서둘러 가고 있지요.

반면 중국 시골에서는 시간이 아주 천천히 흐르는 것 같아요. 아주 오래전에 시간이 멈춘 것은 아닐까 하는 생각이 들기도 하지요.

농부들은 물을 댄 논에 무릎까지 담그고 벼를 심어요. 부인들은 강가에서 빨래를 하고 저수지에서는 노를 저어 배를 타지요.

중국 사람들은 자기 나라를 **중국**이라고 해요. **중심에 있는 나라**라는 뜻이에요. 왜 이런 이름을 가지게 되었냐고요? 오래전에 중국 사람들은 지구가 평평하고 그 한가운데 자기 나라가 있다고 믿었거든요. 중국에서는 서양에서 보는 세계 지도와 다른 세계 지도를 사용해요. 그 지도에는 중국이 한가운데 있고, 유럽과 아프리카는 왼쪽, 미국은 오른쪽에 있답니다.

옛날 유럽 사람들은 중국을 여러 가지 이름으로 불렀어요. 이탈리아에서는 카타이, 러시아에서는 키타이라고 했지요. 그러다가 유럽 전체에 차이나(China)라는 이름이 널리 퍼졌어요. 차이나는 중국 왕조인 청에서 비롯된 이름이에요.

지금의 중국, 그러니까 중화 인민 공화국은 내전을 수차례 겪은 후, 1949년 10월 1일에 탄생했어요. 이날 중국의 수도는 쯔진청(130쪽을 보세요.)이 있는 베이징(124쪽을 보세요.)으로 돌아왔어요. 몇 세기 동안 중국 황제가 살던 쯔진청에 공산당 제1서기장이던 마오쩌둥의 초상화를 걸었어요. 이런 방법으로 전제 황권이 더 이상 존재하지 않음을 알렸어요. 그리고 권력은 중국 공산당의 손에 들어가게 되었지요.

이때부터 정치와 사법부, 학교, 경제, 언론 등이 공산당의 뜻에 따라 운영되었어요. 언론을 검열해 공산당에 방해되는 정보를 제거하고, 공산당의 판단에 따라 안전하지 않은 인터넷 사이트는 중국 내에서 접속을 하지 못하게 막아요. 그래서 중국에서는 페이스북, 유튜브, 트위터 같은 사이트는 이용할 수 없어요. 그 대신 위챗, 유코우, 웨이보 같은 공산당이 쉽게 통제할 수 있는 사이트만 허용해요.

만일 누군가가 공산당에 맞서거나 비판을 하면 감시 대상이 되어요. 공산당에 따르지 않으면 국가의 감시를 받고 처벌을 받지요. 이러한 행위는 국제 사회에서 인간의 권리를 파괴하는 것이라며 비판받고 있지요.

중국어와 한자

중국에서는 중국어 하나만 사용할까요? 아니요, 중국의 각 지역마다 다양한 언어와 사투리를 쓰고 있어요. 광저우에서는 광저우어를, 상하이에서는 상하이어를 써요. 다른 지역에서는 위구르어, 몽골어, 티베트어도 쓰고 있지요. 그럼 대체 어떤 말을 중국어라고 하는 걸까요? 중국에는 거의 300개에 달하는 다양한 언어가 쓰이고 있어요. 다른 지역 사람들끼리 만나면 서로 말을 이해를 하지 못하는 경우가 종종 생겨요. 다행히 이런 문제를 해결하려고 중국에서는 보통어 혹은 **푸퉁화**(표준 중국어)를 채택하고 있어요. 중국 어린이들은 학교에서 푸퉁화를 배운답니다.

중국어를 처음 보면 아주 어려워 보여요. 중국어를 잘 모르는 사람이 들으면 말이 다 비슷하게 들리지요. 예를 들어 'wu(우)'라는 말은 '숫자 5'를 뜻하기도 하고, '춤추다', '까마귀', '마법사', '안개'도 뜻해요. 그럼 정확하게 무엇을 뜻하는 말인지 어떻게 알 수 있을까요?

중국어는 20세기에 들어서 한자를 알파벳으로 풀어
쓰는 체계가 만들어졌어요. 이걸 병음이라고 해요. 즉,
병음은 중국어 발음을 알파벳으로 풀어 쓴 것이지요.
지금처럼 휴대 전화와 컴퓨터가 보편화된 시대에는
병음이 아주 큰 도움이 돼요! 자동 완성 기능 덕분에
표현의 첫 부분만 써도 똑똑한 기계들이 알아서
음이 일치하는 한자들을 자동으로 보여 주거든요.

아주 주의 깊게 들으면 된답니다. 중국 말은 음의 높낮이, 즉 성조에 따라 뜻이 달라지거든요.

중국어 문자는 특정한 뜻을 가진 수천 개의 **한자**로 이루어져 있어요. 전설에 따르면 한자는 창힐이 만들었다고 해요. 창힐은 황제(28쪽을 보세요.)의 모든 것을 기록하는 사관으로, 눈이 네 개에 눈동자가 두 개씩 있었다고 전해져요! 창힐은 오랫동안 땅과 태양, 별, 달, 새, 동물을 관찰하고 각각의 특징을 찾아 기호로 그렸는데, 이게 한자가 되었대요. 고대 중국 사람들은 기록하고 싶을 때 간단한 그림을 그렸고, 이 그림을 바탕으로 한자를 만들었다고 여기기도 해요.

중국어 사전에는 대략 5만 자가 들어 있어요. 하지만 중국어를 쓰고 읽기 위해 그 한자를 다 외울 필요는 없어요. 초등학교 아이들은 약 3천 자 정도를 학습하는데, 이 정도 배우면 쉬운 책이나 신문을 읽는 데 충분하다고 해요. 고등 교육을 받은 성인들은 보통 6천 자 정도를 알고 있다고 해요. 보통 한자 하나에 뜻이 여러 개가 담겨 있어요.

중국 문자에는 두 가지 종류가 있어요. 전통 방식을 그대로 따르는 한자인 번체자와 한자를 간단히 표기하는 간체자가 있지요. 간체자는 사람들이 한자를 읽고 쓰는 것을 쉽게 배울 수 있도록 20세기에 만든 거예요. 간체자는 중국과 싱가포르, 말레이시아에서도 사용해요. 홍콩과 마카오 사람들은 전통 방식인 번체자를 쓰지요. 중국어는 세로나 가로로 쓸 수 있어요. 번체자는 보통 위에서 아래로 내려가면서 읽고, 간체자는 왼쪽에서 오른쪽으로 써요.

또 어떤 한자를 알면 다른 한자의 뜻도 대략 알 수 있지요. 같이 한번 볼까요? 예를 들어 人(사람 인)이라는 한자를 봅시다. 이 한자에 머리와 팔을 그려 넣으면 마치 사람이 걸어가는 것처럼 보여요. 그래서 이 한자는 사람을 뜻해요. 그리고 大(크다 대)라는 한자를 보면 사람이 팔을 크게 벌리고 있는 듯한 느낌이 들지 않나요? 그래서 크다는 뜻을 가지고 있어요. 小(작다 소)는 어떤가요? 팔을 힘없이 늘어뜨린 사람 같지 않나요? 이 한자는 작다는 뜻이에요. 어떤 사람들은 한자를 '덤불'이라고 부르기도 해요. 한자를 처음 보면 나뭇가지들이 혼란스럽게 엉켜 있는 듯한 느낌이 들어요. 하지만 다시 자세히 살펴보면, 한자에는 질서와 규칙이 있다는 것을 알 수 있어요.

각각의 한자는 네모난 칸 하나에 들어가요. 중국 어린이들은 네모 칸 공책에 한자를 쓰면서 배워요. 한자는 순서에 따라 써야 해요. 한자를 외우려면 계속 쓰면서 연습을 하는 것 말고는 방법이 없어요. 새로운 한자 하나를 외우려면 적어도 열 번 정도는 반복해서 써야 하고, 100번을 쓰면 가장 좋다고 해요!

반고와 황제

중국 문명은 아주 오래되었어요. 이 세상이 만들어질 때만큼 오래되었지요. 어떻게 시작되었냐고요? 중국 문명의 시작에 대해 여러 가지 이야기가 전해지고 있어요. 중국에는 다양하고 수많은 신화, 믿음, 전설이 있어요. 늘 그렇듯 이런 이야기 속에는 영원히 죽지 않는 신들과 아름다운 주술사, 용감한 영웅과 용, 범상치 않은 인물들이 등장해요. 누군가 천 년을 살았다면, 다른 누군가는 하늘을 나는 능력을 가지고 있고, 또 누군가는 시간 여행을 하거나 분신을 불러 내거나 변신하는 능력을 갖고 있지요. 권력에 맞서 싸우고, 어려운 문제를 해결하고, 생각한 대로 순간 이동을 하고, 신비한 약을 만들기도 해요. 이런 인물들의 환상적인 모험 이야기에는 진실과 상상이 뒤섞여 있어요. 실제 어떤 일이 벌어졌는지, 진짜 일어났는지조차 알 수 없어요. 서로 비슷한 이야기도 많고요.

29

중국을 만든 건국 신화 가운데에는 이런 이야기가 있어요.

옛날, 아주 먼 옛날 우주는 거대한 알이었어요. 그 알 속에서 덩치가 크고, 덥수룩하게 수염이 난 반고가 천 년 동안 잠을 자고 있었어요. 그러던 어느 날, 갑자기 반고가 잠에서 깨어나서는 알을 양쪽으로 힘껏 밀어 두 개의 조각으로 갈라놓았어요. 조각난 알의 한쪽은 하늘이, 다른 한쪽은 땅이 되었어요. 반고는 일어나서 하늘을 위로 들어 올리기 시작했어요. 땅에서 최대한 높은 곳에 자리할 때까지 계속 들어 올렸지요. 힘을 쓰느라 지친 거인은 바닥에 드러누워 다시 잠이 들었어요. 그리고 다시는 깨지 않았어요. 그렇게 해서 반고의 왼쪽 눈은 태양이 되었고, 오른쪽 눈은 달이 되었어요. 몸은 산으로 변했고, 몸속 신체 기관들은 땅으로, 피는 강이 되었습니다.

이후 세상은 열두 명의 **하늘의 제왕**이 돌아가며 만 8천 년씩 다스렸어요. 그다음에는 **땅의 제왕** 열한 명이 돌아가며 세상을 다스렸지요. 땅의 제왕 다음에는 **인간계의 제왕** 아홉 명이 등장했어요. 그들은 모두 4만 5,600년간 세상을 다스렸어요. 그 뒤에도 열여섯 명의 통치자가 있었지만, 그들에 대해서는 잘 알려져 있지 않아요. 마지막에는 **삼황**이라 일컬어지는 고귀한 신들이 세상으로 내려왔어요.

여신 여와씨는 자신의 남매인 복희씨와 혼인을 해 최초의 인간을 만들었어요. 여신은 황토로 빚은 인형을 가마에 구워서 인간을 만들었다고 해요. 그런 뒤 처음으로 인간이 세상을 다스리게 되었어요. 이를 **황제**라고 해요. 황제는 앞서 세상을 다스린 제왕들과 마찬가지로 황허강 유역에 살았어요. 중국 신화에서는 황제가 중국인의 시조이자 문명의 창조자라고 해요. 황제가 수학, 음악, 의학 등을 만들었고, 황후는 신발과 우산을 만들고, 비단을 짜는 법을 생각해 냈다고 해요.(193쪽을 보세요.) 황제는 111년간 중국을 다스렸고, 세상을 떠날 때는 아버지인 용이 하늘에서 내려왔어요. 황제는 용의 등에 올라타 하늘로 미끄러지듯 날아올라 사라졌다고 해요. 정말 멋진 조상이지요!

쥐, 말, 닭 십이지

중국 신화에 따르면 하늘의 신인 **옥황상제**는 땅에 내려가 본 적이 없다고 해요. 어느 날, 옥황상제는 땅에 사는 동물들이 어떻게 생겼는지 궁금해졌어요. 땅에 살던 열두 종류의 동물들은 옥황상제의 부름을 받고 하늘로 올라갈 채비를 했어요. 옥황상제는 동물들이 하늘 궁전에 모습을 드러내는 순서대로 황도 12궁에 넣기로 마음을 먹었어요. 용, 호랑이, 토끼, 말은 하늘 가는 길이 너무 흥미로워서 자주 멈춰 서서 구경을 했어요. 소는 속도는 느렸지만 목적지까지 꿋꿋하게 갔고, 결국 가장 먼저 하늘 궁전에 도착했어요. 그런데 이 불쌍한 소는 먼 길을 오는 동안 날쌘 생쥐가 자신의 뿔에 앉아서 편안하게 왔다는 것을 눈치채지 못했답니다. 소가 하늘 궁전의 문턱을 넘는 순간, 쥐는 소 앞으로 폴짝 뛰어내려 옥황상제 앞으로 쪼르르 달려갔어요. 쥐는 자신이 가장 중요한 존재가 될 것이라고 기대했지요.

옥황상제는 쥐가 잔꾀를 부렸다는 것을 알았지만, 쥐가 황도 12궁에 첫 번째 자리를 차지하는 것을 허락했어요. 쥐의 뒤를 이어 도착한 동물들이 차례대로 자리를 차지했고, 순서는 절대 변하지 않아요. 이 순서가 바로 '십이지'예요. 중국이나 우리나라에서는 태어난 해의 십이지를 띠로 사용하고 있어요. "나는 무슨 띠야."라고 들으면 그 사람의 나이를 빠르게 계산할 수 있어요. 십이지 동물의 순서만 잘 기억하면 돼요. 띠에 따라 사람의 특성이나 재능이 다르다고 해요. 먼저 쥐는

머리가 좋아서 쥐띠 해에 태어난 사람은 재산을 쉽게 모으고, 소띠는 부지런하고 참을성이 강하지만, 성격이 극단적인 경우도 있어요. 호랑이띠는 불가능한 것 없이 뭐든지 할 수 있고, 토끼띠는 예의 바르고 재치가 있어요. 용띠(48쪽을 보세요.)는 시야가 넓고, 늘 멋져요. 그래서 중국인들은 용띠 해에 태어나는 것이 가장 좋다고 여겨서, 용띠 해가 되면 다른 해보다 출생률이 두 배나 높아지기도 해요. 용 다음에 오는 뱀은 신비스럽고, 말은 독립적이고 앞장서길 좋아해요. 이어서 온순한 양과 중국에서 굉장히 똑똑하고 매력적인 동물로 여기는 원숭이도 있지요. 늘 중심에서 관심을 받고 싶어 하는 닭과 의리가 있고 신뢰가 두터운 개, 머리가 좋은 돼지로 십이지는 끝이 납니다.

소

개

닭

1958 1970
1982 1994
2006 2018

1949 1961
1973 1985
1997 2009

1957 1969
1981 1993
2005 2017

자신이 태어난 연도를 찾으면 나의 띠를
알 수 있어요. 부모님과 할머니, 할아버지의
띠도 한번 찾아보세요!

원숭이

호랑이

돼지

1956
1968
1980
1992
2004
2016

1950 1962
1974 1986
1998 2010

1959
1971
1983
1995
2007
2019

쥐
1948 1960
1972 1984
1996 2008

뱀
1953
1965
1977
1989
2001
2013

용
1952 1964
1976 1988
2000 2012

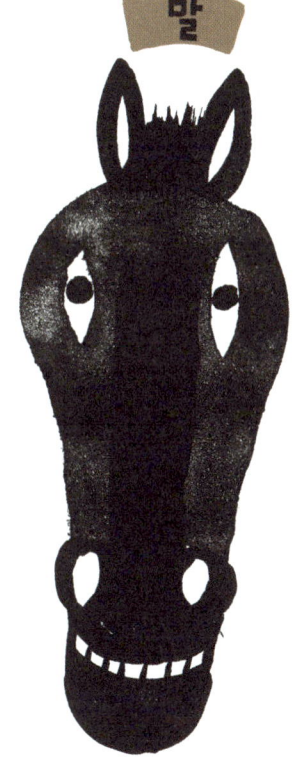

말
1954 1966
1978 1990
2002 2014

토끼
1951 1963
1975 1987
1999 2011

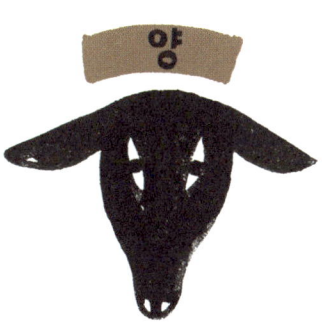

양
1955 1967
1979 1991
2003 2015

복을
부르는 법

중국에서는 설날을 춘절이라고 해요. 봄의 명절이라는 뜻인데, 왜 이런 이름을 가지게 되었을까요? 수천 년 동안 중국 사람들은 농사를 지으면서 오랜 겨울이 끝났다는 뜻으로 한 해의 첫 번째 날을 기렸지요. 옛 중국에서는 음력을 사용했기 때문에 춘절은 지금 우리가 쓰는 달력에서 1월 1일이 아니라 음력 1월 1일이에요. 이 날짜는 해마다 변해서 보통 1월 21일부터 2월 20일 사이에 오지요. 우리나라 설날처럼요.

춘절이 다가오면, 중국 사람들은 고향에 가려고 길을 떠나요. 엄청나게 많은 사람이 역과 공항으로 모여 들어요. 정말 중국 사람들 모두 밖으로 나온 것이 아닌가 하는 생각이 들 정도지요. 중국에서는 보통 휴가가 길지 않아서 명절에나 가족을 만나러 먼 고향에 갈 수 있어요. 사람들은 가족과 시간을 보내려고 선물 꾸러미를 들고 도시나 소도시, 시골 등 중국 곳곳에 있는 고향으로 이동을 해요.

명절 연휴는 2주 정도 이어져요! 중국 사람들은 먼저 대청소를 하고 장을 봅니다. 새해에 입을 새 옷을 사기도 하고, 어떤 집에서는 새 젓가락(76쪽을 보세요.)을 장만해요. 쓸모없고 낡은 것들을 버리기도 하지요. 묵은 것을 치우고, 새로운 해가 가져다줄 것을 위한 공간을 만드는 상징적인 방법이에요.

정리가 끝나면 중국 사람들은 집을 단장해요. 창문에 빨간색 종이로

만든 무늬가 복잡한 장식을 걸고, 문 앞에는 소원을 담은 춘롄을 달아요. 문에는 복을 뜻하는 **푸**(福), 재물을 기원하는 **루**(祿), 장수를 뜻하는 **쇼우**(壽)라는 한자(24쪽을 보세요.)가 적힌 빨간 종이를 걸어요. **복**을 뜻하는 글자를 걸 때는 조심해야 해요! 이 글자는 반드시 거꾸로 붙여야 하거든요. 중국어로 **"복이 왔다."**라는 말은 **"복이 거꾸로 걸려 있다."**는 말과 발음이 거의 같기 때문이에요. 묵은해의 마지막 날 저녁에는 온 가족이 모여서 맛있는 음식을

먹어요. 각 지역마다 먹는 음식이 다르지만 중국 전 지역에서 꼭 먹는 음식이 있어요. 복이나 재물을 뜻하는 중국어와 발음이 비슷한 이름의 음식이 그 주인공이에요. 중국 사람들은 새해 첫날, 여러 가지 방법으로 조리한 생선 요리를 즐겨 먹어요. 중국어에서 '생선'의 발음이 '부유하다'는 말과 비슷하기 때문이에요. 물만두 쟈오쯔와 찹쌀로 만든 떡 녠가오도 먹어요.

한 해의 마지막 날 밤에는 아무도 잠을 안 자요! 모두들 한 해가 가고 새해가 오는 마법 같은 순간을 기다려요. 텔레비전에 나오는 새해 특집 방송을 보거나 카드 게임 또는 마작(176쪽을 보세요.)을 하거나 서로 이야기를 나누고 농담을 하면서요. 그러다가 자정이 되면 폭죽이 터지고 불꽃놀이가 시작돼요. 새해가 되면 폭죽을 터뜨리는 풍습은 무서운 요괴를 물리치기 위해서 시작되었다고 해요.

신녠콰이러! 신녠하오! 중국의 새해 인사예요. 새해 첫날, 사람들은 서로 인사를 나누고, 어른들은 빨간색 봉투인 **홍바오**에 용돈을 담아 주면서 아이들에게 행운을 빕니다. 중국 사람들은 빨간색 물건을 지니고 있으면 좋다고 생각을 해요. 이날은 수많은 인파와 근심, 걱정을 모두 날려 준다는 북과 피리 소리, 그리고 폭죽을 터뜨리는 떠들썩한 소리가 떠오르는 날이에요. 사자춤과 용춤도 흥을 더한답니다! 중국 사람들은 사람이 많이 모여서 북적북적한 것을 좋아해요. 사람들이 많은 곳에서는 재미있는 일이 많이 벌어지고, 기분도 좋고, 안전하다고 생각이 들거든요. 그래서 사람들은 새해가 되면 즐거운 마음으로 장터나 근처 공원에 나간답니다.

이 길고 긴 명절 휴가 기간에는 재물신과 황제(28쪽을 보세요.)의 생일이 있어요. 돌의 생일도 있어서 그날은 돌로 만든 그릇과 맷돌을 사용하지 않아요!

음력 1월 15일은 집집마다 등을 다는 **원소절**이에요. 중국 사람들은 곳곳에 붉은색 등을 걸고, 경단 같은 동그란 떡을 준비해요. 위안샤오라는 이름을 가진 이 떡은 꽉 찬 보름달을 뜻해요. 이날은

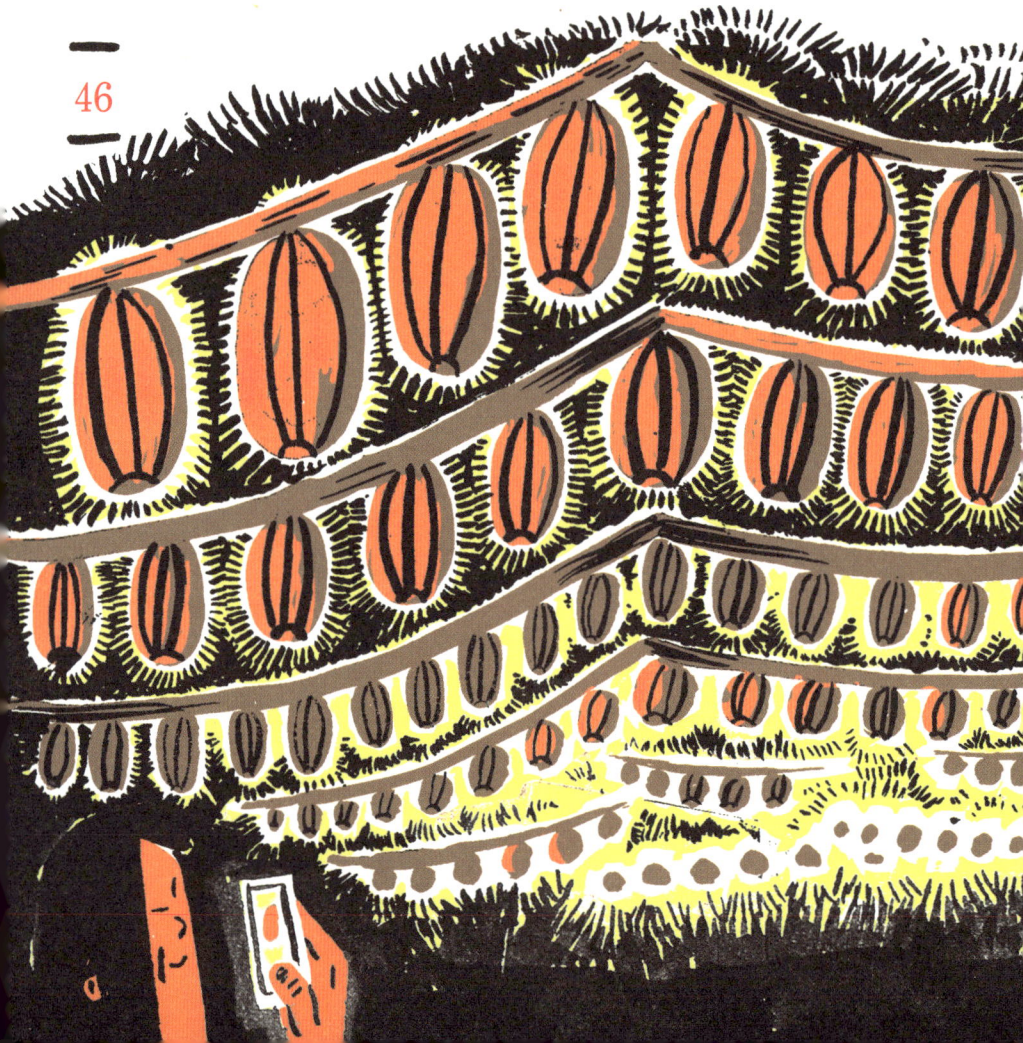

반드시 행운을 빌면서 동그란 떡을 먹어야 해요! 춘절이 지나면 사람들은 다시 평범한 일상으로 돌아와요. 하지만 얼마 지나지 않아 명절이 있어요. 음력 2월 2일은 룽타이토우라는 명절이에요. 용이 고개를 드는 날이라는 뜻을 가지고 있어요. 바로 용이 겨울잠에서 깨어나는 날로, 이때부터 따뜻한 봄이 시작된다고 해요.

중국의 용

중국에서 용은 힘과 부를 상징해요. 그래서 중국 곳곳에서 용을 쉽게 볼 수가 있답니다. 절의 지붕 위에도, 궁궐의 지붕 위에도 용의 장식이 있어요. 문틀이나 문고리, 주방에서 사용하는 그릇에도 용이 장식되어 있지요. 도자기나 부채, 다리, 칼에도 용이 그려져 있고, 병풍이나 옷에서도 볼 수 있어요. 십이지(34쪽을 보세요.)에는 돼지나 닭처럼 우리에게 친숙한 동물이 대부분이지만 용은 상상 속의 동물인데도 당당히 자리 잡고 있을 정도랍니다.

중국 용은 서양 용과 생김새가 달라요. 다리는 네 개에 뱀처럼 긴 몸은 반짝이는 비늘로 덮여 있어요. 낙타와 비슷한 주둥이에 황소의 입, 사슴의 뿔, 토끼의 눈을 가지고 있어요. 여의주를 갖고 노는 것을 좋아하고, 발로 움켜쥐거나 턱 아래 숨겨 두기도 해요. 용은 날개는 없지만 날 수 있고, 바다 깊은 곳까지 잠수할 수 있어요. 인간 같은 지적 능력과 신성한 통찰력을 지닌 영험한 동물이에요.

옛날 중국 사람들은 용이 날씨를 좌지우지한다고 믿었어요. 그래서 가뭄이 들면 **용신**에게 비가 오게 해 달라고 기도를 했어요. 하늘을 나는 엄청 큰 동물이 태풍과 폭우, 갑작스러운 폭풍우를 일으킨다고 생각을 했지요. 홍콩에는 한가운데 큰 구멍이 있는 건물이 있어요. 이 건물을 설계한 건축가는 용이 건물을 부수지 않고 날아다닐 수

있게 통로를 만들었다고 해요. 신화에 따르면 중국을 다스린 첫 번째 인간인 황제는 용의 아들(28쪽을 보세요.)이었어요. 그래서 용과 관련된 모든 상징물은 황제를 위한 것으로, 보통 사람들은 옷이나 집을 용으로 장식하는 것은 꿈도 꾸지 못했어요. 그러나 점차 시간이 흐르면서 용은 중국의 상징이 되었어요.

용은 중국의 명절 때도 종종 함께해요. 음력 2월 2일은 **롱타이토우**(47쪽을 보세요.)라고 해요. 예전에는 이날부터 농부들이 밭에 나가 농사일을 시작했어요. 지금은 뭔가 새로운 일을 시작하기 좋은 날로 여겨요. 큰일뿐만 아니라 머리 모양을 바꾸는 등 뭔가 소소한 변화를 꾀하기에도 좋은 날이에요. 그리고 음력 5월 5일은 **용선의 날**이기도 하답니다.(54쪽을 보세요.) 중국에서는 새해 명절인 춘절(40쪽을 보세요.)을 보내면서 꼭 **용춤**을 추어요. 크게 울려 퍼지는 음악에

맞춰 거대한 용이 여의주를 가지고 놀기도 하고 위엄 있게 움직이며 꿈틀거려요. 실제로는 사람들이 용 아래 매달린 긴 막대기를 움직여 춤을 추는 거지만, 멀리서 보면 진짜 용이 스스로 움직이는 것처럼 보인답니다.

용선,
그리고
영혼을 위한 돈

중국 사람들은 어떤 날을 기념하고 축하하는 것을 아주 좋아해요. 음력 5월 5일을 단오절이라고 부르는데, 이날은 **용선의 날**이기도 해요. 5월 5일은 숫자 5가 중복된다고 해서 가끔은 단오절 대신 중오절이라고도 불러요. (중국 사람들은 이런 숫자를 좋아해요. 그래서 7월 7일이나 9월 9일처럼 월과 일의 수가 같은 날 명절이 많아요.)

이날의 가장 큰 볼거리는 용선 경기예요. 사람들은 아주 긴 나무배를 타고 출발해요. 배는 용의 머리와 꼬리 모양으로 장식되어 있어요. 각각의 배에는 10여 명의 노 젓는 사람과 북을 쳐서 박자를 맞추는 북재비, 방향을 잡는 키잡이가 앉아 있어요. 용선 경기는 중국 전역에서 진행되고, 큰 관심을 받아요! 단오절에는 대나무잎 속에 밥을 넣고 피라미드 모양으로 싼 쭝쯔라는 전통 음식을 먹어요.

이 명절은 중국의 옛 시인인 **굴원**을 기리는 날이에요. 전설에 따르면 적들이 쳐들어와 나라가 망하게 되자, 굴원은 슬퍼하며 강에 몸을 던져 죽음을 택했어요. 이 소식을 들은 마을 사람들은 배를 타고 굴원을 구하러 갔지만, 이미 물속으로 사라진 뒤였어요! 노를 젓던 사람들은 강에 있는 물고기와 괴물을 놀라게 하려고 북을 크게 쳤어요. 그리고 강에 대나무잎으로 싼 밥을 던졌지요. 강에 사는 생물들이 굴원의 몸을 먹이로 알고 먹지 않게 하려고요.

중국 문화에서 가족은 아주 중요해요. 그래서 중국에는 조상에게 인사를 드리거나 세상을 떠난 친지를 기리는 명절이 두 번 있어요. 그런 명절 가운데 하나가 바로 청명으로, **묘소를 청소하는 날**이에요. 봄에 있는 명절이지요. 청명에는 가족이나 친지가 묻힌 무덤을 찾아가 정돈하거나 돌아가신 분들이 생전에 좋아한 음식을 갖다 드려요. 이날은 모든 중국 사람이 봄나들이 가듯 도시를 떠나 찻잎(92쪽을 보세요.)을 따거나 하늘로 연을 날리기도 하지요. 어떤 사람들은 연줄을 끊어 연이 멀리 날아가게 해요.

중원절도 조상과 관련이 있는 명절로, 배고픈 혼령을 위한

날이에요. 이날 지옥문이 열려서 죽은 자의 혼령이 땅으로 내려온다고 해요. 중국 사람들은 혼령들을 위해 준비한 음식을 집이나 가게, 회사 앞에 내놓아요. 들판이나 길가에서는 **영혼의 돈**이라 부르는 가짜 돈을 태우며 죽은 사람의 넋을 기려요. 당연히 세상을 뜬 가족도 챙겨야 해요. 조상들의 **위패**에 있는 먼지를 털고 깨끗이 닦아요. 위패에는 죽은 사람의 영혼이 살고 있다고 믿으니까요. 해 질 녘이 되면 무덤가에 향을 피워요. 이때는 돈이나 시계, 신발, 옷, 휴대 전화 등 각종 물건들을 함께 태워요. 물론 진짜 물건이 아니라 종이로 만든 거예요! 예쁘게 출력된 집과 자동차 그림이 연기와 함께 진짜 영혼의 세계로 갈지도 몰라요.

중국인들은 기념일을 새로 만들어 내기도 해요. 예를 들어 11월 11일은 싱글의 날이에요. 혼자 사는 사람들을 위한 날이지요. 어디서든 싱글을 위한 할인이 진행되고, 특별한 행사도 준비되어 있답니다.

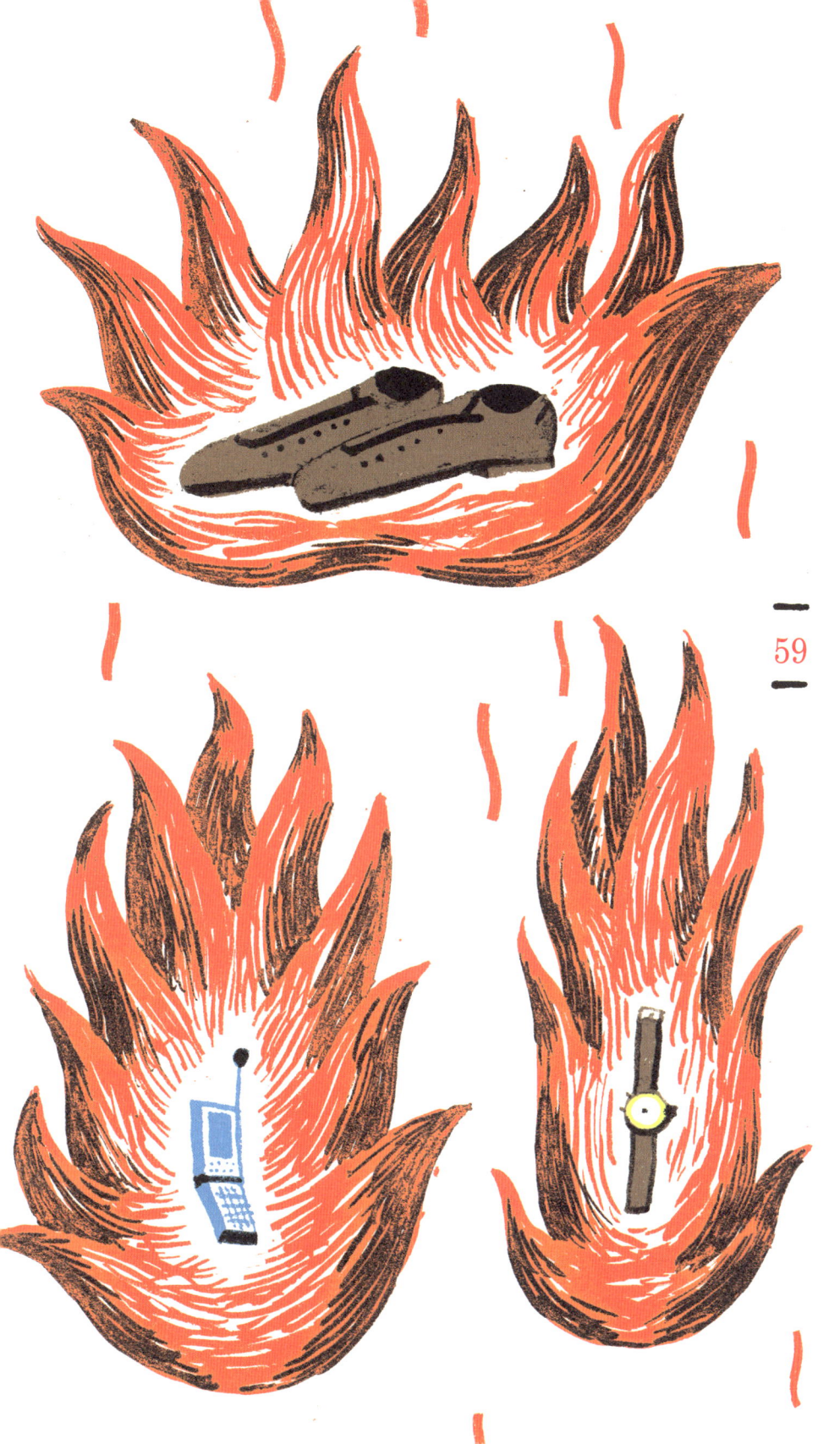

59

월병과
열 개의 해

매년 9월 초가 되면 중국의 상점과 호텔, 식당에는 여러 가지 크기의 금색, 빨강, 노랑 상자가 등장해요. 고급스러운 포장지로 싸인 상자 안에는 무늬를 새긴 중국 전통 과자가 들어 있어요. 노란색, 초록색, 흰색, 보라색 등 다양한 색깔의 과자 속에는 단팥, 연근, 호두 등 다양한 종류의 소가 들어 있어요. 모양은 대부분 보름달처럼 동그랗답니다. 그래서 이 과자를 월병이라고 해요.

가게에 월병이 모습을 드러낸다는 건 **중추절**이 다가오고 있다는 뜻이에요. 중추절은 온 가족이 함께 모인다는 뜻을 가진 단원절이라고도 불러요. 중국 사람들은 음력 8월 15일 무렵이 되면 춘절과 마찬가지로 가족들이 있는 고향으로 떠나요. 가까운 사람들과 함께 보름달을 보려고 아주 먼 고향으로 기꺼이 돌아가요. 고향에 갈 때는 달콤한 과일과 월병을 가지고 간답니다.

전설에 따르면 월병은 용감한 궁수 호우이의 아내인 달의 여신 창어가 좋아한 음식이에요. 하늘이 내린 궁수 호우이는 목표물을 향해 쏜 화살이 한 번도 빗나간 적이 없었지요. 아주 오래전, 하늘에 열 개의 해가 떠올랐어요. 땅에 사는 사람들은 아주 괴로워했지요. 강물은 말라 버렸고, 농작물은 타들어 갔어요. 사람들과 동물들은 굶주렸고 목도 말랐어요. 그때 호우이가 태양을 없앨 수 있는 마법의 화살을 쏘기로 결심했어요. 호우이의 화살은 아홉 개의 태양에 멋지게 명중했어요! 사람들을 구한 대가로 신들은 호우이와 호우이의 아내에게 먹으면 영원히 살 수 있는 묘약 두 개를 주었어요. 그런데 성품이 나쁜 펑멍이 이 사실을 알고 약을 뺏으려고 호우이의 집으로 갔어요. 마침 그때 남편 호우이는 사냥에 나가고 아내 창어만 집에 있었지요. 소스라치게 놀란 창어는 잠깐 망설이다 묘약을 모두 삼켰어요. 그 순간 갑자기 창어의 몸은 점점 가벼워져서 조금씩 위로 떠오르기 시작했어요. 사냥에서 돌아온 호우이는 집에 무슨 일이 벌어졌다는 것을 바로 알아챘어요. 아내 창어와 묘약은 어디에서도 찾을 수 없었어요.

용감한 사수는 아내를 찾아 헤맸지만 아무 데서도 보이지 않자, 결국 포기하고 주저앉아 펑펑 울었어요.

그 순간 주변이 밝아졌어요. 저 멀리 구름 뒤로 커다란 달이 모습을 드러냈어요. 호우이는 달 가장자리에서 움직이는 그림자를 보았어요. 그림자 형상이 익숙하게 느껴졌어요. '아, 창어구나!' 하고 깨달았어요. 호우이는 슬픔에 가득 찬 목소리로 "돌아오시오, 사랑하는 아내여!" 하고 외쳤어요. 하지만 침묵만 돌아왔지요.

아내를 그리워하는 호우이의 마음은 변함이 없었어요. 아내가 사라진 날이 되면 아내가 좋아하던 과일과 간식을 차려놓고 달을 바라보았어요. 달의 그림자는 가끔씩 더 선명해지기도 했어요. 호우이는 그럴 때면 언젠가 사랑하는 아내가 돌아올 것이라는 희망을 갖고 살았답니다.

65

입이 얼얼한 콩,
웍의 향연

중국 사람들은 요리하고, 먹고, 잔치 벌이는 것을 아주 좋아해요. **츠 판 러마?** "밥 먹었니?"라는 뜻이에요. (209쪽을 보세요.) 중국 사람들은 인사말로 밥을 먹었냐고 물어봐요. 음식은 중국 문화에서 아주 중요해요. 중국 요리에는 철학이 담겨 있어요. 음식이 몸에 좋은지만 중요하게 여기지 않고 맛이나 겉모습, 향, 조리법, 심지어 이름까지 중요하게 여겨요. 이름을 듣고 상상하는 것으로도 관심을 끌고, 식욕을 자극해야 해요.

중국 사람들은 배추 위에 고기 완자를 올린 요리를 **사자 머리**(삶은 배추에 완자를 올린 모양이 사자의 갈기를 연상시킨다고 해서 이런 이름이 붙었어요.)라고 불러요. 닭발 요리는 **불사조의 발톱**이라는 이름으로 불러요. 젓가락으로 기다란 당면을 들어 올리면 잘게 다진 소고기가 면에 다닥다닥 붙어 있는 모습 때문에 **나무에 기어오르는 개미**라는 이름이 붙은 요리도 있어요. 토마토를 반으로 잘라 단면에 하얀 설탕을 뿌린 음식은 **눈 덮인 화산**이라고 하지요. **100년 묵은 달걀**도 있어요. 바로 삭힌 오리알인 피단을 일컫는 표현이에요. 실제로 100년이나 묵힌 건 아니지만 흰자가 검정 젤리처럼 보여서 정말 오래된 알처럼 보여요.

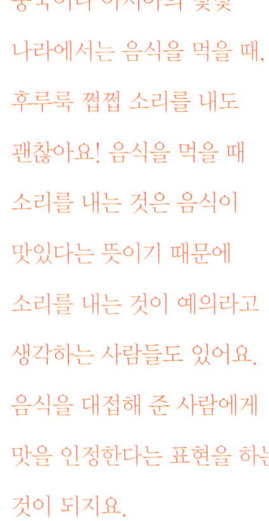

중국이나 아시아의 몇몇 나라에서는 음식을 먹을 때, 후루룩 쩝쩝 소리를 내도 괜찮아요! 음식을 먹을 때 소리를 내는 것은 음식이 맛있다는 뜻이기 때문에 소리를 내는 것이 예의라고 생각하는 사람들도 있어요. 음식을 대접해 준 사람에게 맛을 인정한다는 표현을 하는 것이 되지요.

중국 사람들은 익히지 않은 음식은 별로 좋아하지 않아요. 익히고, 굽고, 튀기고, 찐 음식이 소화가 더 잘되기 때문이에요. 그래도 과일은 대부분 생으로 먹어요. 굉장히 특이한 과일도 있어요. 껍질에 뾰족한 가시가 있는 **두리안**은 상한 치즈 냄새가 나지만 맛은 달콤해요.

중국의 음식 문화에서 가장 중요한 도구는 **웍**이라고 불리는 팬이에요. 웍으로 아주 많은 양의 음식을 조리할 수 있어요. 왜냐하면 웍은 냄비와 프라이팬을 합친 조리 도구이거든요. 이 도구로 튀김도, 찜도 할 수 있고 국을 끓일 수도 있어요. 웍은 크기도 다양해서 아주 작은 것도 있고 엄청 큰 것도 있어요. 큰 식당에서 사용되는 웍 중에는 지름이 1미터나 되는 것도 있어요. 웍은 열이 빨리 달아올라 음식을 익히는 시간을 줄일 수 있어요. 달군 웍에 기름을 두른 뒤, 썰어 놓은 재료들을 집어넣고 볶아요. 재료를 웍에서 섞고,

억

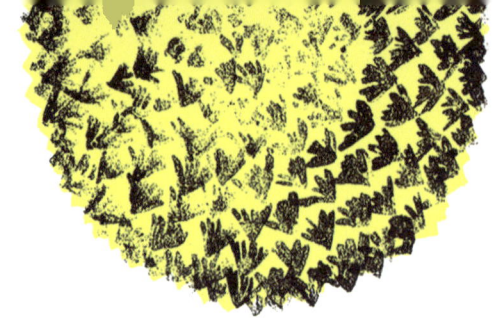

아시아의 여러 나라에 가면 호텔이나 택시에 '두리안 반입 금지'라는 안내 문구를 볼 수가 있어요. 두리안의 냄새는 굉장히 강해서 밀폐된 공간에는 가져가지 않는 것이 좋아요. 또한 비행기에 갖고 탈 수도 없어요! 두리안의 강력한 냄새는 승객들의 두통을 일으키니까요.

양념을 넣으면 끝이에요. 뜨거운 김이 모락모락 올라오고, 몇 분 뒤면 요리가 완성됩니다. 중국 음식 맛은 깜짝 놀랄 만해요. 음식을 만들 때 사용되는 재료는 지극히 평범한데 말이지요. 기분 좋은 짜릿함을 주는 껍질콩이 있다는 사실을 아시나요? 먹으면 입이 마비되는 것 같아요. 진짜 마비되는 것은 아니지만, 얼얼한 맛은 희한하게 또 먹고 싶은 마음이 들게 해요. 껍질콩 볶음의 얼얼한 맛은 **쓰촨 후추** 때문이에요. 쓰촨 후추는 쓰촨요리에 사용되는 가장 유명한 조미료로, 지옥의 맛이라 불릴 정도로 매워요.

중국의 식탁에는 흔치 않은 재료로 만들어진 요리도 올라와요. 새 둥지, 해삼, 말린 백합 꽃봉오리, 연꽃씨, 죽순, 상어 지느러미, 오리 혀, 거북, 뱀, 털게 등을 이용해 만든 다양한 요리 덕분에 광저우 사람들은 다리가 네 개 있는 것은 식탁과 의자만 빼고 다 먹을 거라는 말도 있어요. 아, 중국 사람들 정말 대단해요!

털두부

두부는 우리에게는 익숙하지만, 서양 사람들은 중국식 치즈로 여기기도 해요. 두부는 생긴 것만 비슷할 뿐 치즈와는 아무런 상관이 없는 데다 치즈처럼 샌드위치 사이에 넣어 먹지도 않아요. 중국에서는 치즈나 샌드위치를 많이 먹지 않거든요. 두부는 고기나 유제품을 전혀 먹지 않는 채식주의자에게 아주 이상적인 식품이에요. 두부는 고기와 달걀, 치즈를 완벽하게 대체할 수가 있어요. 중국에도 채식주의자를 위한 식당이 많아요. 이 식당에서 채식주의자는 생선이나 치킨, 토끼 고기, 꼬치구이 등을 주문해요. 이 요리들은 진짜 고기가 아니라 두부를 여러 가지 방법으로 조리해 만든 음식이랍니다.

두부는 중국의 어떤 황제가 우연히 만든 거예요. 그 황제는 죽지 않고 영원히 살 수 있는 약을 만들려고 했어요. 약을 만들려고 실험을 하다가 콩물이 담긴 그릇에 짠 소금을 조금 넣었어요.

그랬더니 다음 날 그릇에 말랑하고 부드러운 뭔가가 있었는데, 바로 두부였어요. 다행히 황제는 실험을 하면서 무엇을 넣었는지 정확히 기억하고 있었어요!

그 이후부터 중국 사람들은 두부를 즐겨 먹었어요. 아주 다양한 방법으로 두부를 만들어서요. 절이고, 굽고, 말려 두부를 만들었어요. 아마 중국 사람들은 두부를 재료로 400가지 정도의 음식을 만들 수 있을 거예요. 가끔은 털이 난 좀 이상한 털두부도 있어요. 양처럼 털이 보송보송한 네모난 두부를 튀겨 고추장을 발라 먹기도 해요.

중국의 대형 마트에서는 거의 모든 종류의 두부를 팔아요. 신선한 두부, 절이거나 말린 두부, 갖가지 양념을 넣은 두부도 있어요. 큰 정사각형, 얇은 슬라이스, 작은 빗자루, 긴 지팡이, 매듭 등 모양도 다양해요. 심지어 초콜릿을 담는 예쁜 상자에 포장된 두부도 있어요.

유럽의 채식주의자들은 두부로
스프레드를 만들어서 빵에 발라
먹어요. 두부로 채식용 치즈 케이크도
만들고, 달걀 프라이처럼 구워 먹는
것도 좋아해요. 자기들 방식대로
두부를 먹지요.

젓가락

중국에서는 왜 음식을 먹을 때 젓가락을 이용할까요? 편리하니까요! 젓가락은 세계적으로도 가장 인기 있는 식사 도구예요.

중국 사람들은 약 5천 년 전부터 젓가락을 썼어요. 젓가락은 중국 근처에 있는 나라에 퍼져 우리나라와 일본, 베트남에서도 젓가락을 써요. 젓가락이 있으면 뜨겁거나 차가운 것, 튀기거나 데치거나 구운 것 등 어떤 음식도 문제없이 먹을 수 있답니다. 심지어 국물이 있는 국도 먹을 수 있어요. 진짜예요! 우선 젓가락으로 채소나 면, 만두 같은 건더기를 건져 먹고 나머지는

숟가락으로 떠먹거나 그냥 그릇을 들고 마시면 된답니다

아시아 사람들은 주로 젓가락을 사용하지만 나라마다 모양이 좀 달라요. 중국 젓가락은 한눈에 알아볼 수 있어요. 왜냐하면 **식탁의 회전판에서 음식을 집어 오기 위한 용도**라서(80쪽을 보세요.) 가장 길이가 길어요. 보통 22~25센티미터 정도이고, 젓가락 끝은 사각 모양이에요.

대나무, 나무, 코끼리 뼈, 옥, 은이나 금 등 젓가락을 만드는 재료도 다양해요. 가끔은 젓가락

중국의 고급 레스토랑에는 식탁 냅킨 옆에 두 개의 젓가락 세트가 놓여 있어요. 하나는 공동 식탁에서 음식을 덜기 위한 젓가락이고, 다른 하나는 개인 접시에 있는 음식을 먹기 위한 젓가락이에요.

끝에 무늬를 새기거나 색을 칠해요. 옥으로 만든 젓가락은 빨리 뜨거워지지 않고, 코끼리 뼈로 만든 젓가락은 집은 음식을 식혀 줘요. 우리나라 젓가락은 대부분 쇠로 만들고, 일본 젓가락은 짧은 편이에요.

우리나라 사람들은 젓가락을 늘 사용해 젓가락질이 익숙하지만 서양 사람들은 해 본 적이 없어서 제대로 못해요. 쉬워 보여도 말이지요. 젓가락을 쥐는 방법을 알고 있나요? 젓가락을 마음대로 쥐면, 교육을 잘못 받은 것으로 여기기도 해요. 절대 젓가락으로 누군가를 가리키면 안 돼요. 젓가락을 식탁보 위에 아무렇게나 놓아도 안 돼요. 젓가락을 마구 핥지도 말고, 물어뜯지도 마세요!!!

음식 그릇에서 음식을 덜다가 도로 담아 놓지도 마세요. 젓가락으로 그릇 가장자리를 두드리거나 치는 것도 안 돼요.

젓가락은 요리를 할 때도 편리해요. 주방에서는 아주 긴 젓가락을 가장 자주 사용해요. 긴 젓가락으로 진짜 뜨거운 찌개나 국에서 익힌 채소를 쉽게 꺼낼 수 있고, 오목한 웍에서 기름에 튀긴 두부를 볶는 일도 어렵지 않지요. 아마도 이런 요리를 할 목적으로 긴 대나무 조각을 사용하다가 젓가락이 만들어지게 된 것은 아닐까요?

식사 도구로 그릇을 두드리는 것은 음식을 구걸할 때 하는 행동이에요. **그리고 절대 젓가락을 밥 위에 똑바로 꽂으면 안 돼요.** 왜냐하면 이것은 돌아가신 조상에게 제사를 지낼 때 쓰는 방식이거든요. 운명을 시험하지 않는 편이 좋겠죠! 만일 혼령이 자기 밥을 여러분이 먹는다고 생각해서 복수할지도 모르니까요.

젓가락은 어떻게 쓰지?

중국 요리사의 비밀

중국 부엌을 생각하면 특이한 소리가 가장 먼저 떠올라요. 큰 칼로 각종 재료를 써는 경쾌한 소리, 국자가 탁탁 부딪히는 소리, 기름이 지글지글 달아오르는 소리가 나요. 그다음에는 생강, 마늘, 고추 향이 나요. 만일 운이 좋다면 주방 모자를 쓴 요리사가 커다란 웍을 흔드는 모습도 볼 수 있을 거예요. 마침내 여러분 접시에 음식들이 담기겠지요. 아, 아니에요, 나눠 먹는 큰 그릇에 담기겠죠! 중국 음식은 **아주 다양한 종류와 크기의 그릇과 접시**에 담겨 탁자 한가운데에 놓이니까요.

사람들은 식탁에 앉아 먹고 싶은 음식 쪽으로 젓가락을 뻗어요. 나눠 먹는 음식이 더러워지지 않도록 개인 접시에 덜어 먹어요. 중국 식탁은 보통 크고 동그란 모양이에요. 함께 식사를 하는 사람들이 음식에서부터 같은 거리에 앉아야 가장 공평하기 때문이지요. 식당에서는 손님들이 좀 더 편하게 음식을 먹을 수 있게 식탁 가운데 **큰 회전판**을 놓아두기도 해요. 그러면 회전판 위에 음식이 담긴 그릇들을 올려놓고, 돌리면서 음식을 덜어요. 회전판이 돌아가는 반대 방향으로 휙휙 돌리면 안 돼요! 뭔가 먹고 싶은 음식이 있다고 해도 잠시 기다려요. 먹고 싶은 음식이 자기 앞에 올 때까지 말이지요.

잔치에 음식이 겨우 두세 개만 나오면 중국 사람들은 꽤나 이상하게 볼 거예요. 중국 사람들은 고를 수 있는 음식의 종류가 많아야 좋아하거든요. 손님이 많을수록 음식 종류가 더 다양해야 해요!

식사를 하면서 차를 마시고, 국이나 수프도 먹어요. 그럼 밥은 언제 먹느냐고요? 밥이 나오긴 하지만, 중국 요리는 세계에서 가장 맛있으니까 다 먹고 나면 배가 부르겠지요. 그런데 중국 요리는 뭐가 그렇게 특별한 걸까요? 음식에 꽃이나 채소로 장식하는데, 이런 것 때문에 그런 건 아니에요. 음식의 다양함이 감탄을 자아내요. 독특한 맛과 색, 향도 특별한 느낌을 만들지요. 중국 요리에서 가장 중요한 것은 **균형의 원칙**이에요. (98쪽을 보세요.) 좋은 요리사는 여러 가지 맛이 어느 것 하나 튀지 않고 서로 어울리는 조화로운 요리를 할 줄 아는 사람이에요.

중국 사람들이 자주 사용하는 조리법은 각종 **재료들을 섞어 짧은 시간에 볶는 거**예요. 이 방법으로 요리를 하면 몇 분밖에 걸리지 않아요! 재료 준비가 가장 오래 걸리지요. 요리사들은 재료를 준비할 때 아주 큰 사각 칼을 사용해 식재료에 마법을 걸어요. 큰 칼로 주사위나 끈 모양, 머리카락처럼 가는 줄, 손톱 두께만큼 얇은 편, 작은 쌀알 등 어떤 재료라도 깎고 모양을 만들 수 있어요.
채소와 고기를 작게 썰면 좋은 점이 있어요. 요리 시간이 짧아지고, 요리를 하는 동안 힘도 덜 들어요. 먹을 때도 많이 씹을 필요가 없고, 음식을 먹을 때도 젓가락질 몇 번이면 충분해요!

주방장

베이징덕

이 요리는 껍질에 윤기가 흐르는 오리구이예요. 얇은 전병과 아삭한 오이, 달달한 호이신 소스, 삶은 부추가 함께 나와요. 식당에 가서 오리 한 마리를 통째로 주문하거나 반 마리를 주문하면, 음식이 나올 때 설탕도 같이 나와요. 오리 껍데기를 설탕에 묻혀 먹어 보면, 디저트로 뭘 시킬까 고민했던 마음이 싹 사라질 거예요!

추천요리

단단몐(탄탄면)

엄청나게 매운 국수예요.
오목한 그릇에 담고 다진 고기를
올려요. 고추, 마늘, 겨자, 쓰촨 후추,
커민씨, 깨와 육수가 단단몐과
어울려 놀라운 맛을 보여 준답니다.

궁바오지딩(닭고기 볶음)

외국 사람들도 좋아하는 요리예요.
닭고기를 작게 자른 후 땅콩을 곁들인
요리지요. 대비되는 맛이 궁바오지딩의
매력이에요. 부드러운 닭고기와 단단하고
동그란 땅콩, 달달한 소스와 매운 고추의
맛을 조화롭게 느낄 수 있답니다.

마파두부

하얀 두부를 작고 네모나게 썰고 다진 고기와 함께 매운 양념으로 볶은 요리예요.

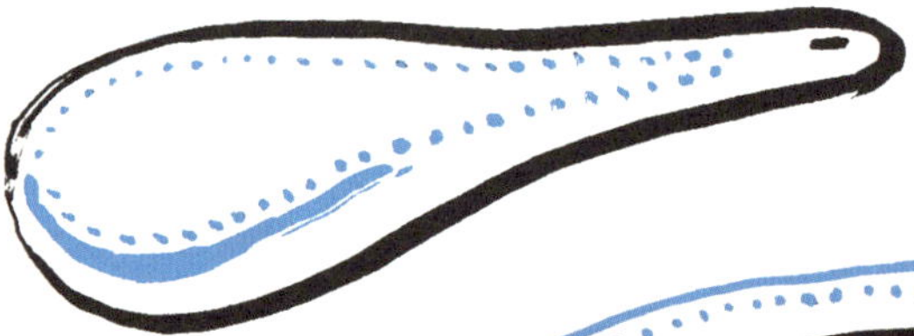

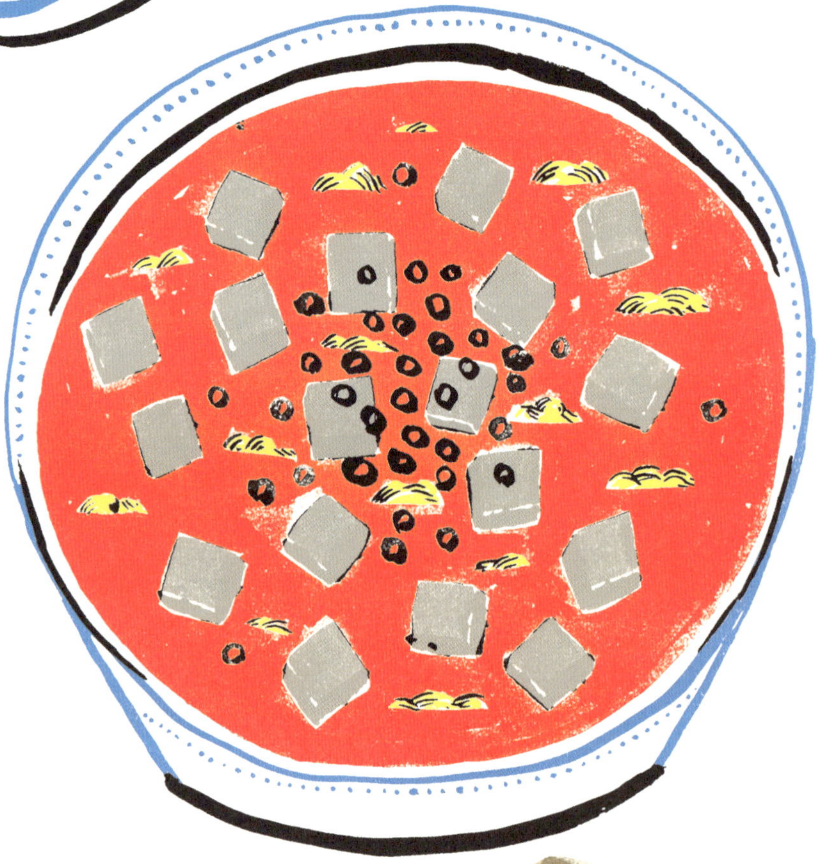

콘지(죽)(210쪽을 보세요.)

세상에서 가장 단순한 죽이에요. 쌀에 물을 많이 붓고, 약한 불로 익혀요. 살짝 추운 새벽에 이 깔끔하고 걸쭉한 흰죽을 꼭 먹어 봐야 해요. 죽을 먹으면 위가 따뜻하게 채워지는 느낌을 받을 수 있답니다. 왜 몸에 좋은지 느낄 수 있을 거예요!

다양한

중국 만두는 간장에 찍어 먹어요. 물론 간장을 이용해 자신만의 소스를 만들어 먹을 수도 있어요. 식초에 간장을 조금 넣고, 고추기름을 원하는 만큼 넣어서 소스를 만들어 보세요. 아마 몸에도 더 좋을 거예요!

쟈오쯔

물에서 끓인 만두, 즉 물만두예요. 평소 우리가 먹는 만두보다 작고, 속은 보통 고기와 채소, 버섯으로 채워져 있어요. 물론 이 밖에도 쟈오쯔에 넣을 수 있는 속재료는 무궁무진해요.

바오즈

호빵처럼 생겼는데, 속은 매운맛으로 채워져 있어요. 대나무 찜기로 쪄 먹지요. 통통한 양파 모양과 비슷해요.

만 두

만터우
속에 아무것도 안 들어 있는 일종의 찐빵이에요.

샤오룽바오
육수로 채운 만두예요. 샤오룽바오가 나오면 육수 먼저 마시고, 나머지를 먹으면 돼요. 육수가 뜨거워 입을 델 수 있으니 조심해야 해요!

훈툰
외국 사람들에게는 완탕으로 알려져 있어요. 국물과 함께 나와요.

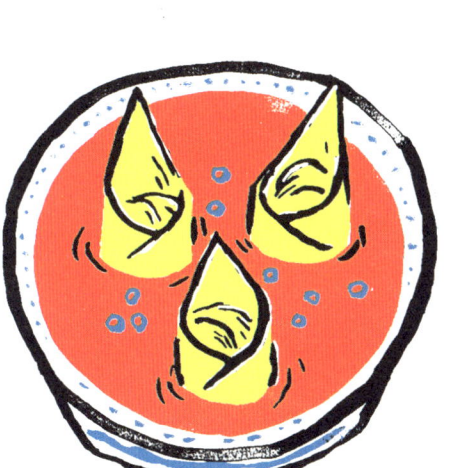

궈톄에(군만두)
먼저 구운 다음 물을 부어 한 번 더 익혀요. 그래서 아랫부분은 바삭하고, 윗부분은 부드럽지요.

녹차와 꽃차

중국 사람들은 손님에게 차 대접하는 것을 좋아해요. 다른 나라에서도 차를 마시고, 차와 관련된 여러 습관이 있지만 이 우아한 마실 거리가 중국에서 시작되었다는 건 꼭 기억해 두세요.

차는 약 5천 년 전에 발견되었어요. 전설에 따르면 농사의 신인 **신농씨**는 식물이 가진 약효에 관심이 많았고, 실험해 보는 것을 좋아했어요. 신농씨의 배는 투명해서 신농씨가 무엇을 먹거나 마시면 배 속에서 무슨 일이 일어나는지 알아볼 수 있었대요. 어느 날 신농씨는 끓인 물에 우연히 잎을 몇 장 떨어뜨렸어요. 그러자 물 색깔이 변했고, 흥미가 생긴 신농씨는 그 모습을 주의 깊게 바라보았어요. 물에서 향긋한 향이 났어요. '음, 이렇게 향이 좋은 것이라면 몸에도 나쁘지 않겠는걸?' 하고 생각했지요. 그렇게 신농씨는 인류 역사에서 처음으로 차를 마셨어요. 처음에는 차를 약처럼 여겼고, 시간이 지나면서 부유한 사람들만 마셨어요. 지금은 모든 중국 사람들이 차를 마셔요. 정말요! 중국 사람들은 마실 차가 없으면 일도 하지 않는다는 농담을 자주 해요.

중국 사람들은 대부분 거름망이 달린 물병이나 컵을 들고 다니면서 하루 종일 차를 따라 마셔요. 좋은 차는 여러 번 우려서 마실 수 있거든요. 중국에서 아침에 차를 마시고 싶다면 주위를 둘러보세요. 어디서든 끓인 물을 얻어 찻잎에 부어 마실 수 있어요.

중국에는 차의 종류가 엄청 많아요. 가장 인기가 많은 것은 녹차예요. 신선한 녹찻잎을 따서 높은 온도에서 가열하고 말린 후에 차를 만들어요. 잘 말린 차를 뜨거운 물에 우려내 초록빛 녹차를 얻는 것이지요. 영국에서 마시는 블랙 티(Black Tea)를 중국에서는 우려낸 물의 색이 붉다고 홍차라고 해요. 홍차는 찻잎을 발효시켜서 만들어요. 발효를 시키면 고운 색과 독특한 맛을 낼 수 있어요. 찻집에서는 **중국식 다도**를 체험해 볼 수 있어요. 이 과정에서 여러 가지 종류의 차도 맛볼 수 있고, 재미있는 이야기도 들을 수 있어요. 차의 종류에 따라 준비하는 방법이 조금 달라요. 차의 맛에 가장 결정적인 영향을 끼치는 것은 물의 온도, 우려내는 시간, 사용하는 그릇이에요. 어떤 차는 처음 우린 물을 **차판**에 따라 버려요. 이렇게 우린 물을 따라

중국 사람은 누군가가 차를 따라 줘서 고마움을 느낄 때, 가볍게 탁자를 두 번 두드려요. 이 두드리는 소리가 중국어로 고맙다는 뜻인 **'셰셰'**를 떠올리게 하기 때문이에요.

버리는 것을 중국 사람들은 차를 씻는다고 표현하고, 그다음에 우려낸 차부터 마셔요. 우린 차는 작은 잔에 따라 마시는데, 세 번에 걸쳐 삼켜야 우아하다고 생각해요. 첫 번째는 맛보는 것, 두 번째는 마시는 것, 세 번째는 맛과 향을 음미하는 것이라고 해요. 찻집에 가면 차를 즐기는 단아한 주인이 차에 관한 여러 이야기를 해 줄 거예요. 중국에서 차를 파는 상점에 가면 정신이 없어요. 차의 종류가 너무 많아서 뭐가 뭔지 헷갈리거든요!

녹차나 **홍차** 외에도 에메랄드 빛깔의 **우롱차** 등 차 가운데서도

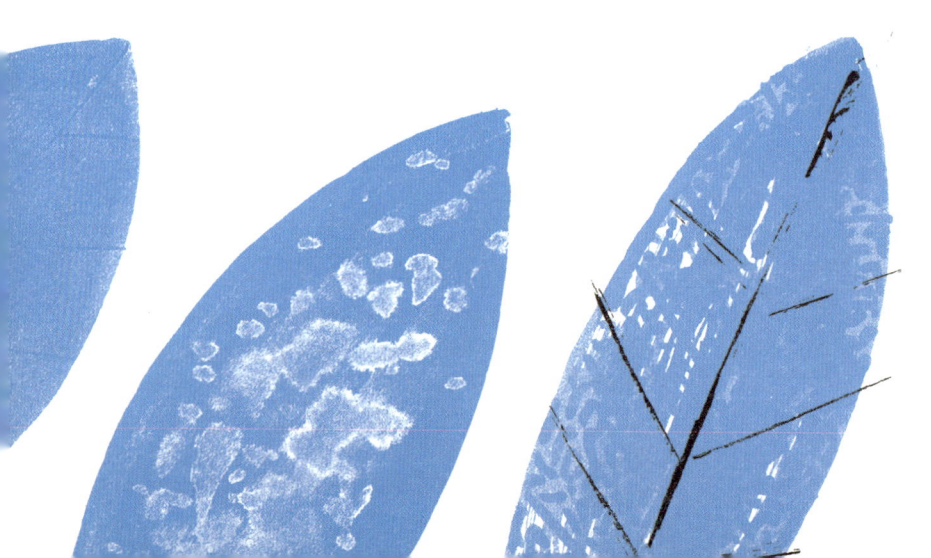

최고급 차들이 있어요. 다양한 종류의 **꽃차**도 무척 많아요. 재스민차, 장미차, 국화차 같은 꽃차들은 꽃봉오리만 있기도 하고, 꽃잎만 있기도 해요. 차들은 예쁘고 시적인 이름을 갖고 있어요. 봄의 달팽이라는 비뤄춘, 철의 여신이라는 톄관인, 은색 바늘이라는 인춘차, 용의 우물이라는 룽징차, 비오는 날의 꽃이라는 위화차 등이 있답니다. 여러분은 어떤 차를 마셔 보고 싶나요?

음과 양

중국 철학자들은 오랜 세월 자연과 동물의 행동을 관찰하며 온 세상은 두 개의 신비한 힘을 받는다는 결론을 내렸어요. 이 두 개의 신비한 힘을 **음양**이라고 해요. **음**의 특징은 **달**이, **양**의 특징은 **해**가 가지고 있어요. **음**은 **어둠**, **양**은 **밝음**이에요. **음**은 **물**, **양**은 **불**이고 **음**은 **오래된 것**, **양**은 **새것**이지요. 이렇게 서로 성질이 대비되는 것들은 주변에 많이 있어요. 빈 것과 채워진 것, 단 것과 짠 것, 찬 것과 따뜻한 것……. **음**과 **양**은 절대 세상에 따로따로 존재하지 않아요. 왜냐하면 무언가가 크다고 말하려면 비교 대상이 되는 뭔가 작은 것이 있어야 하니까요.

중국 학자들은 **음**이 **양**으로 변하거나, **양**이 **음**으로 변할 수 있다고 생각했어요. 햇빛이 비치는 언덕을 한번 볼까요? 그늘이 지는 위치는 **음**이라고 하고, 해가 있는 곳은 **양**이라고 해요. 시간이 흐르면 해의 위치가 바뀌면서 해가 비치던 곳에 그늘이 생기고, 그늘이 있던 곳을 햇빛이 비추게 되지요. 이렇게 **음**은 **양**이 되는 것이에요. 우리의 일상에서 밤과 낮이 변하는 것처럼 말이지요. 불이 붙어 타오르고, 불씨가 다시 작아지는 것을 아무도 이상하게 생각하지 않아요. 살아 있는 모든 것이 결국은 사라지는 것도 마찬가지랍니다.

음과 **양**의 공존 원리는 **태극**이라는 상징 기호로 표현해요. **중국의 태극**은 둥근 원을 알파벳 에스(S)를 뒤집은 모양으로 나눈 무늬예요. 검정 부분은 **음**이고, 흰 점은 **양**이에요. 그리고 흰 부분은 **양**이고, 검은 점은 **음**이지요. 이 무늬는 균형과 조화를 나타내는 이상적인 상태를 표현해요. 균형과 조화는 반대되는 것들이 서로를 채워 줄 때 가능해요.

지금도 중국 사람들은 태극과 **음양**의 조화가 실현되길 원해요. 음양을 이루는 요소의 조화로운 공존은 중국 음식(80쪽을 보세요.)의 기본이자, 전통 의학(102쪽을 보세요.), 무술(185쪽을 보세요.), 타이치 운동(180쪽을 보세요.), 공간을 배치하는 방법인 **풍수**에서도 볼 수 있어요.

발 마사지,
침과 약초

사람들은 건강하기를 원해요. 특히 중국 사람들은 건강에 관심이 아주 많아요! 중국의 전통 의학에 따르면 건강하려면 조화를 이루어야 해요. 왜냐하면 **음**과 **양**(98쪽을 보세요.)이 서로 균형을 이룰 때, 생명 에너지인 **기**가 막히지 않고 몸에서 순환하기 때문이에요.

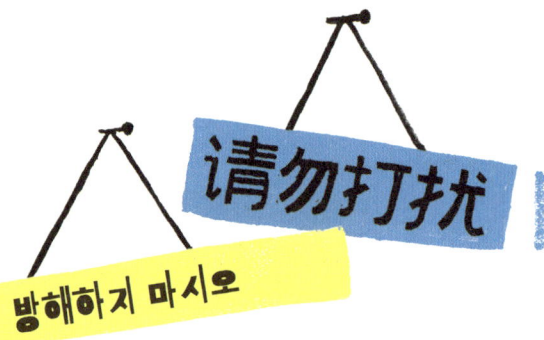

중국 사람들은 자기 자신을 돌보는 것을 중요하게 생각해요. 체조를 하고, 종종 마사지를 받으러 가요. 특히 먹는 것에 신경을 많이 써요. 중국 사람들은 건강과 질병 모두 입이라는 통로로 몸속으로 들어온다고 생각해요. 옛날에는 요리사를 의사로 여기기도 했어요. 요리사는 몸에 맞게 고른 재료를 적절하게 요리해 주어서 아픈 사람의 기분과 몸 상태를 나아지게 해 주었기 때문이지요. 중국에서는 지금도 여전히 식단을 아주 중요하게 여겨요! 중국 식당의 메뉴는 계절마다 달라져요. 여름에는 촉촉하고 시원한 음식을 먹고, 겨울에는 따뜻한 음식을 먹어요. 하루에 세 번, 정해진 시간에 식사를 해요. 낮 열두 시부터 두 시 사이에는 아무도 일을 하려고 하지 않아요. 점심시간이니까요.

중국 사람들은 몸이 아프면, 식단부터 바꿔요. 그리고 규칙적으로 **기공** 운동이나 **타이치** 운동을 해요. 신체 에너지인 기가 몸속에서 잘 순환되도록 말이지요. **추나** 요법은 옷을 입고 받는 중국 마사지로, 병을 고치는 데 도움이 되는 치료 요법이에요. 또 **청혈** 요법을 받기도 해요. 동물의 뼈나 물소 뿔을 이용해 몸을 긁거나, 부글거리는 거품을 이용해 병을 치료하는 방법이에요. 발 마사지 가게도 중국에서는 아주 인기가 많아요. 중국 사람들은 몸에

힘이 없거나 피곤하다고 느끼면 **발 마사지**를 받으러 가요. 발에만 마사지를 받지만 몸 전체에서 효과를 느낄 수 있어요. 발을 주무르기만 해도 목이나 머리의 통증이 사라져요.

이런 민간요법으로 충분하지 않을 때도 있어요. 여전히 몸의 조화가 깨져 있고, 통증이 느껴져요. **기**가 신체 내부의 흐름인 **경락**을 따라 자유롭게 흐르지 못해요. 기가 흐르지 못하는 부위가 바로 통증을 느끼는 부위예요. 이런 경우 중국 사람들은 **침**을 맞으면 도움이 된다고 생각해요. 침은 중국에서 아주 오래된 의술 가운데 하나예요. 아픈 부위와 관련 있는 피부에 침을 꽂아 치료를 해요.

그렇다고 중국 한의사들이 환자에게 다짜고짜 침부터 놓는 건 아니에요! 한의사는 먼저 환자의 팔을 잡고, 조심스럽게

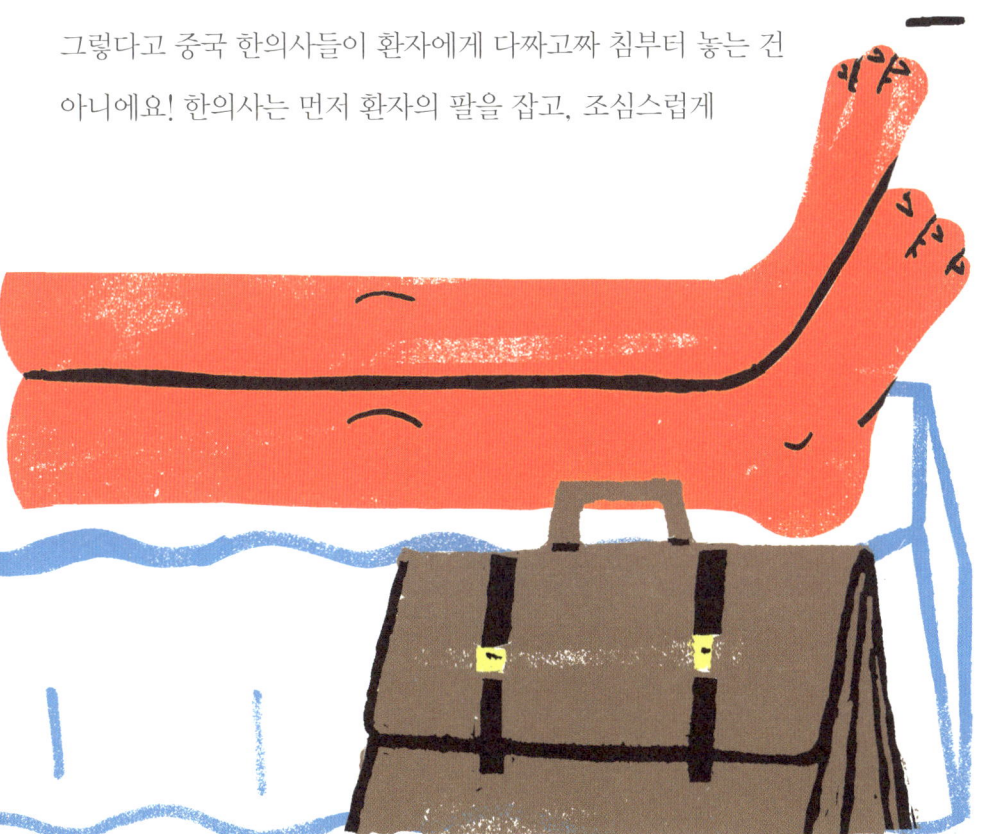

인삼은 중국에서 가장 오래된 약 가운데 하나예요. 인삼이라는 이름은 약초의 모양 때문에 지어졌어요. '사람의 형상을 한 뿌리'라는 뜻이에요. 중국 사람들은 인삼이 모든 병에 효과가 있다고 생각해요. 특히 기력이 떨어졌을 때 효과가 좋다고 하지요. 인삼은 기억력과 집중력을 높이거나 심장이 정상적으로 뛰도록 도와주고, 노화를 막고 스트레스에 대한 면역력을 높여 준다고 알려져 있어요. 심지어 아주 오랜 세월 자란 인삼은 생명이 위태로운 사람도 살릴 수 있다고도 전해요. (100년 근 또는 200년 근처럼 아주 나이가 많은 인삼도 있어요.)

손목의 여러 부위를 눌러 봐요. 맥을 짚는 거예요. 피부와 눈을 살피고, 혓바닥을 내밀어 보라고도 해요. 가끔은 "너무 습기가 많아요.", "바람이 들었어요.", "열이 너무 많아요." 등 뭔가 알아듣기 어려운 말을 해요. 그러고는 한약방에 가져가는 처방전을 써 줘요. 한약방에는 수십 개의 작은 서랍이 달린 약장이 있고, 그 속에는 약재가 들어 있어요. 아주 다양한 잎이나 뿌리, 광물, 무기물, 심지어 벌레까지 약재로 사용해요. 특이한 재료도 있지만, 버섯이나 무처럼 국을 끓여 먹는 평범한 재료도 있어요.

혈연, 가족, 집단

중국에서 엄마는 **마마**라고 하고, 아빠는 **바바**라고 해요! 우리나라처럼 아빠의 아빠는 할아버지, 엄마의 아빠는 외할아버지라는 호칭을 써요. 중국에서는 피가 섞인 혈연관계를 굉장히 중요하게 여겨요. 그래서 가족 관계에서도 구성원 중 누구인지를 명확하게 알려 주는 명칭이 많아요. 이런 명칭에는 각자 어떤 역할을 해야 하고, 어떤 권리가 있는지 나타난답니다. 이모부를 **이푸**라고 부르고, 큰아버지를 **보보**라고 불러요. 서양에서는 둘 다 그냥 아저씨라고 부르지요.

메이메이

가족의 명칭은 아주 다양해요. 누나나 언니를 **제제**, 여동생은 **메이메이**라고 불러요. 남자 형제도 나이에 따라 다르게 불러요. 형이나 오빠는 **거거**, 남동생은 **디디**라고 해요. 서로를 부르며 안정감을 느끼고, 나이 많은 사람이 어린 사람을 챙겨 줘요. 어린 사람도 나중에 때가 되면 이런 느낌을 알고, 자신이 연장자가 되었을 때 어린 사람을 챙겨 주게 되는 거지요. 중국 아이들은 부모님 나이쯤 되는 낯선 남성을 **슈**라고 불러요. 아저씨라는 뜻이에요. 이 나이쯤 되는 여성에게는 **아이**라고 부르는데, 아주머니라는 뜻이지요. 이렇게 부르면 그 사람을 믿는 것처럼 느낀다고 해요.

중국 사람들은 자기를 소개할 때도 가족을 가장 중요하게 드러내요. 이름에서 성은 주로 핏줄을 나타내는데, 중국에서는 성을 먼저 말해요. 중국의 성과 이름은 보통 합쳐서 두 글자 혹은 세 글자예요. 두 글자면 가족이나 친척들은 그 사람을 부를 때 성과 이름을 종종 붙여 불러요. 하지만 세 글자면 친한 사람들은 보통 이름만 부른답니다.

중국에서 가장 흔한 성은 왕씨예요. '왕'이라는 뜻이지요. 그다음 많은 성은 이씨와 장씨예요. 황금이라는 뜻의 한자를 쓰는 황씨도 인기가 많아요. 중국에서 황씨 성을 가진 사람이 2천만 명 정도 된답니다. 중국의 성 중에는 동물의 이름을 딴 것도 있어요. 양씨는 동물 양에서, 용씨는 상상 속의 동물인 용에서 왔어요. 중국 사람의 이름에는 뜻이 있어요. 중국 부모는 아이의 이름을 부르거나 이름에 담긴 뜻을 따서 부르기도 해요. 학교에 가면 '바다 정복자'라는 뜻을 가진 '하이장'이나 '예쁜 자두'라는 뜻을 가진 '리리'를 만날 수 있어요. 중국에서는 아이가 태어나면 어릴 때만 사용하는 이름인 '아명'을 따로 받기도 해요.

어릴 때는 가족이나 친척들이 아명을 부르기도 해요. 옛날에는 아명을 괴상하게 지었어요. 미신을 믿는 부모들은 아이를 잡아가는 나쁜 귀신들을 혼란스럽게 하려고 아이를 썩은 달걀 또는 개코라고 부르기도 했어요.

중국 사람들은 사람을 부를 때 격식 차리는 것을 별로 좋아하지 않아요. 아이에게는 성 앞에 **샤오**를, 나이가 많은 사람에게는 **라오**를 붙여서 친근하게 불러요. 나이가 많은 사람이 갑자기 이름 앞에 샤오를 붙여서 불러도 놀라지 마세요. 좋은 뜻으로 부르는 거니까요.

용

중국에서는 나이 많은 사람들을 존중하고 가족에 대한 사랑을 아주 중요하게 여겨요. 유교에서는 이것을 가리켜 효라고 해요. 어른이 되어도 부모님과 함께 시간을 보내는 것을 좋아해요. 길에서도 엄마와 딸이 함께 손잡고 걸어가는 모습을 종종 볼 수 있어요. 서로를 진심으로 생각하고, 애정이 넘치니까요! 중국 아이들은 나이 많은 부모님을 돌봐야 한다고 생각하고, 심지어 무슨 문제가 생기더라도 부모님에게 걱정을 끼칠까 봐 숨기기도 해요. 만화 영화로 잘 알려진 **'뮬란'**에 그런 이야기가 담겨 있어요. 뮬란은 아버지 대신 남자로 변장하고 군대에 가는 소녀예요. 전쟁이 벌어지자 황제는 의무적으로 가족마다 한 명씩 군대에 보내라고 명령했어요. 뮬란의 가족 중에서는 나이가 지긋한 아버지만 남자였어요. 뮬란은 아버지에게는 비밀로 하고 자기가 군대를 가요. 뮬란은 아주 훌륭한 군인이 되었고, 몇 년 동안 아무에게도 여자라는 것을 들키지 않았답니다!

생일 국수

중국 사람들이 생일을 축하하는 모습은 조금 달라요. 중국에서는 생일날 가장 중요한 음식이 초를 꽂은 케이크가 아니라 국수예요! 특히 생일날 먹는 국수의 면은 아주 길어야 해요. 면의 길이가 수명을 뜻하기 때문에 길수록 좋아요. 그래서 중국 사람들은 생일 국수를 **서우몐** (장수면)이라고 해요. 말 그대로 장수를 기원하는 국수예요. 면 한 가닥으로 국수 그릇을 가득 채우는 것이 가장 좋아요. 그리고 그 면을 입으로 빨아 당겨서 후루룩 소리가 나게 먹어야 해요. 소리가 나도 괜찮아요. 중국에서는 음식을 먹을 때 소리를 내는 것이 예의가 없는 행동이 아니거든요.(67쪽을 보세요.) 생일 국수는 면을 자르거나, 이로 끊어 먹으면 안 돼요. 자신의 수명을 걸고 모험을 하지 않는 편이 좋겠지요. 생일날 가족이 멀리 떨어진 곳에 있어도 생일 국수를 먹으면서 생일을 맞은 사람에게 좋은 일이 있길 빌어 줘요.

중국 사람들은 미신을 많이 믿는 편이에요. 그래서 어떤 생일은 축하하지 않기도 해요. 여자들은 서른 살 생일, 남자들은 마흔 살 생일을 지내지 않아요. 반면 예순 살 생일은 아주 성대하게 치르고, 여든 살 생일은 더더욱 시끌벅적하게 축하를 해 준답니다!

중국 아이들에게 가장 중요한 생일은 태어나고 1년 뒤에 오는 생일이에요. 아기가 태어나고 1년이 되면, 중국 사람들은 아기의 생일을 크게 축하하지요! 우리나라 돌잔치 때처럼 돌을 맞은 아기 앞에 다양한 물건들을 놓아두고 아기가 어떤 물건에 관심을 갖는지 온 가족이 유심히 살펴봐요. 이것으로 아기의 운명을 재미 삼아 점치는 거예요. 아기가 비행기 장난감을 잡으면 커서 기술자나 여행가가 되고, 계산기를 잡으면 회사원이 될 거고, 주판을 잡으면 회계사가 된다고 해요. 청진기를 잡으면 의사가 될 가능성이 높고, 책은 학자나 작가가 될 조짐이라고 말한답니다.

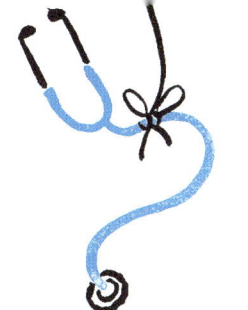

중국에서는 선물을 어떻게 줄까요? 생일에는 돈이 든 훙바오라는 **빨간 봉투**를 주는 것이 가장 좋아요. 훙바오는 춘절에 주는 용돈과 같아요.(40쪽을 보세요.) 그 외에는 어떤 선물을 줘도 괜찮아요. 중국에서는 지인이나 친구에게 좋은 일이 생기면 선물을 주면서 축하를 해요. 하지만 시계나 우산, 신발은 절대 주지 않는답니다. 선물을 할 때 물건 개수가 네 개가 되면 안 돼요. 왜냐하면 숫자 4는 '죽다 사(死)'와 발음이 비슷해서 재수 없는 숫자로 생각해요. 심지어 높은 건물에는 4층이 아예 없어요. (실제 4층이라도 5층으로 표시하고 그 위로 6층과 7층이 이어져요.)

선물은 예쁘게 포장해요. 선물을 포장할 때는 빨간색이나 노란색 포장지를 쓰는 게 가장 좋아요. 중국에서는 빨간색과 노란색이 행운과 재물을 뜻하거든요. 누군가의 집에 초대를 받아서 선물을 할 때는 돌아갈 때쯤 주는 것이 좋아요. 중국 사람들은 절대 선물을 준 사람이 있는 데서 선물을 풀어 보지 않아요. 어떻게 보면 굉장히 마음이 편하지요! 받은 선물이 마음에 들지 않더라도 좋은 척할 필요가 없으니까요. 중국 사람들은 선물을 받으면서 선물을 하지 않아도 괜찮다고 말해요. 한참 거절을 하고 선물을 받지요. 선물을 받기만 하지 않고, 기회가 되면 다시 갚는 것을 좋아해요.

흑백의 귀염둥이

머리는 하얗고 커다란 데다 눈 주변이 까매요. 어떤 동물이 이런 얼굴을 가졌을까요? 그래요, 바로 판다예요. 중국 숲에서 보호를 받으며 살고 있는 유명한 동물이에요. 판다는 정말 귀엽게 생겼어요. 아마 이 푸근한 동물을 한 번이라도 봤다면 귀엽다는 걸 누구나 인정할 거예요. 사람들은 대부분 판다를 좋아하는데 왜 그럴까요? 판다를 보면 왠지 어린아이 같은 느낌이 들기 때문이에요. 판다의 머리는 몸집에 비해 아주 크고 눈 주변의 검정색 바탕 덕분에 눈도 커 보인답니다. 판다가 어린아이와 비슷한 것은 이것뿐만이 아니에요. 판다는 사람처럼 손을 써서 음식을 먹어요.

중국인들은 판다를 굉장히 사랑하고 중국의 보물로 여겨요. 판다를 중국에서는 **슝마오**라고 부르는데, **고양이곰**이라는 뜻을 가지고 있어요. 이 하얗고 까만 동물의 온화한 성격은 중국 사람들에게 **음양** 조화를 보여 주는 가장 좋은 예랍니다. (98쪽을 보세요.) 그래서 베이징 올림픽을 개최하게 되었을 때, 올림픽 마스코트를 판다로 정하는 데 시간이 오래 걸리지 않았지요. 2008년에 판다는 징징이라는 이름의 마스코트로 중국의 역도 선수와 레슬링 선수, 유도 선수들에게 행운을 가져다주었어요.

판다는 산악 지방의 깊은 숲속에 살아요. 특히 **대나무**를 가장 좋아해요. 판다는 조금 둔하고 게을러요. 기운을 쓰지 않으려고 일부러 천천히 움직여요. 많은 시간을 먹거리를 구하는 데 사용하지요. 하루에 보통 열여섯 시간 정도를 먹이를 구하러 다닌답니다. 판다는 곰과에 속하는 동물이지만, 식물을 주로 먹어요. 육식 동물의 소화 기관을 가졌지만, 식물만 먹기 때문에 적은 양만 소화해서 흡수할 수 있어요. 게다가 하루에 똥을 열 번도 더 싸요! 그래서 판다는 몸집을 유지하려면 정말 많이 자주 먹어야 해요. 판다가 가장 좋아하는 먹이는 죽순이에요. 판다 한 마리가 하루 종일 죽순을 30킬로그램까지 먹을 수 있어요. 판다들은 대나무가 빼곡히 자라는 곳을 발견하면, 대나무를 꺾어서 막대 과자 모양으로 만들어요. 판다는 앞발에 손가락이 하나 더 있어서 쉽게 먹이를 쥘 수 있고, 사람 손처럼 정교한 작업도 할 수 있지요.

현재 전 세계에는 **천 마리가 조금 넘는 판다**가 살고 있어요.
이 정도로는 판다가 멸종 위기에 놓여 있다고 말할 수는 없지만,
개체 수가 아주 적은 편이에요. 중국 사람들은 판다를 지키려고
판다 보호 구역을 만들었어요. 그 가운데 워룽 판다 보호 구역이
가장 규모가 커요. 판다가 아무리 중국에 많이 산다고 해도
판다를 보러 중국에 가지 않아도 된답니다. 청두 판다 기지에 설치된
스물여덟 대의 카메라가 판다의 움직임을 관찰하고 있으니까요.
이 영상은 ipanda.com에 접속하면 볼 수 있답니다!

엄마 판다는 최소 3개월 정도 새끼를 배고
있는데, 어떤 아기 판다는 엄마 배 속에서 반 년
가까이 그냥 있는 경우도 있다고 해요.
아기 판다는 태어났을 때는 분홍색이에요.
털도 하나도 없고, 앞도 못 보는 상태로 세상에
나와요. 키도 15센티미터 정도밖에 되지 않고,
몸무게도 사과 한 알 정도 된답니다.
2년 후 엄마와 헤어지기 전까지, 아기 판다들은
태어났을 때보다 무려 900배나 커야 해요!
태어나면 가장 먼저 엄마 판다의 젖을 하루에
열네 번까지 먹어요. 그리고 생후 6개월부터
죽순을 먹기 시작해요.

베이징, 베이징 사람들

중국의 수도는 베이징이에요. 아주 거대한 도시지요. 최신식 건물들이 높이 솟아 있고, 수천만 대의 자동차와 수백만 대의 자전거로 도시는 가득 차 있어요. 베이징은 우리나라 강원도 크기로, 끝이 없어 보일 정도로 커요! 다섯 개의 순환 도로가 있어서 베이징은 지금도 계속 넓어지고 있어요. 베이징의 중심을 차지하는 곳은 톈안먼(천안문) 광장이에요. **톈안먼 광장**은 '하늘의 평화가 있는 광장'이라는 뜻으로, 세계에서 가장 큰 광장이에요. 톈안먼 광장 뒤에는 흔히 자금성이라고 하는 **쯔진청**(130쪽을 보세요.)이 있어요. 지금 베이징을 보고 믿기 힘들겠지만 100년 전만 해도 쯔진청 밖에는 낙타를 탄 상인이 다녔고, 황무지가 펼쳐져 있었다고 해요.

중국 사람들은 수도를 **베이징**이라고 불러요. 베이징은 북쪽의 수도라는 뜻이에요. 말 그대로 중국 북쪽에 자리 잡고 있거든요. 이 이름은 명나라 때 황제인 영락제가 지었어요. 영락제는 15세기에 거처를 이 도시로 정했어요. 그전에는 남쪽에 있는 난징이 중국의 중심 도시였어요. 난징은 남쪽의 수도라는 뜻이에요. 다른 왕들도 종종 수도를 새로운 곳으로 옮기는 일이 있었어요. 정권이 바뀌었다는 사실을 확실하게 보여 주기 위해서였어요. 베이징과 난징 외에도 시안, 카이펑, 항저우 등이 몇백 년 동안 중국의 수도였어요.

베이징에는 수많은 문화 유적이 있어요. 이런 유적들은 황제가 궁궐을 지으면서 만들어졌어요. 쯔진청, 여름 궁전인 이허위안, 톈궁, 콩먀오……. 오래된 유적들 바로 옆에는 최신식 건물들이 들어서 있어요. 마치 물 위에 떠 있는 은빛 비행접시처럼 생긴 국가대극원이 대표적이에요. 게다가 공원과 박물관도 많아요. 중국의 수도는 볼 것으로 가득해요! 베이징의 골목길 후퉁에서 잠시 목적지 없이 돌아다니거나(138쪽을 보세요.) 베이하이 호숫가나 허우하이 호숫가를 돌아다니는 것도 멋진 일이에요! 여름에 베이징 시민들은 호수에서 배를 타거나 공원에서 휴식을 취해요. 산책을 하거나 카드 게임, 타이치 체조를 하면서요. (180쪽을 보세요.) 나이 든 어르신들은 서예 실력을 발휘해 커다란 붓에 물을 적셔 길바닥에 한자를 써요. 또 다른 사람들은 요요를 하면서 시간을 보내요. 겨울이 되면 허우하이 호수는 꽁꽁 얼어서 얼음판으로 변해요. 그러면 부모님들은 아이들과 함께 스케이트를 가지고 얼음 호수로 와요. 아니면 자전거 모양 썰매나

끝이 뾰족한 막대기를 이용해 얼음을 지치는 썰매를 빌려 탈 수도 있어요. 가을과 겨울, 바람이 불지 않는 날이면 베이징은 가끔 자욱한 안개 속에 축축하게 젖어 들어요. 이것은 안개가 아니라 미세 먼지예요. 아주 작은 먼지가 공기 중에 잔뜩 떠다니는 것을 말하지요. 미세 먼지는 공장 굴뚝의 연기와 산화 물질에서 나와요. 베이징의 미세 먼지는 밀도가 굉장히 높아서, 정말 숨 쉬는 것조차 쉽지 않아요. 베이징 사람들은 여러 가지 방법으로 미세 먼지로부터 건강을 지키려 노력해요. 전통 의학에 따라 폐를 깨끗하게 해 준다는 목이버섯 샐러드(214쪽을 보세요.)를 먹고, 집에서는 공기 청정기를 틀어요. 외출할 때는 마스크를 써요. 베이징 사람들은 이런 상황에서도 개성을 잃지 않아요. 안티스모그 유행 같은 것을 만들고, 여자아이들은 귀여운 말이 적힌 알록달록한 마스크를 써요. 남자아이들은 검정색 마스크나 해골이 그려진 마스크를 쓰고 패션 감각을 뽐내지요.

베이징에서 유래한 작은 개 품종이
있는데, 바로 페키니즈예요.
가장 오래된 개 혈통 가운데 하나지요.
전설에 따르면 사자와 원숭이가
사랑해서 페키니즈가 탄생했어요.
그래서 이 개는 사자처럼 생기고
원숭이처럼 영리하다고 해요.
옛날에는 개가 귀신을 본다고
생각했어요. 페키니즈는 특히 주인이
위험한 상황에 처하면 사자로 변해
주인을 지킨다고 생각했어요.
그러다 보니 페키니즈가 중국 황제들의
사랑을 독차지한 것도 전혀 이상한 일이
아니지요! 페키니즈는 절에서도 길렀어요.
하지만 세월이 지나면서 오직 황실
사람들만 키울 수 있게 되었어요.

금지된 도시, 쯔진청

중국의 중심은 어디일까요? 옛날에는 황제가 있는 바로 그곳이 나라의 중심이라고 생각했어요. 국가에서 가장 중요한 사람의 주변으로 사람들이 모이기 마련이니까요.

몇백 년간 중국 황제들은 금지된 도시, 쯔진청에 살았어요. 1406년부터 성을 짓기 시작해 14년 뒤, 영락제가 옮겨 와서 살았지요. 그런데 왜 '금지된'이라는 이름이 붙었냐고요? 왜냐하면 백성들은 쯔진청에 들어갈 수 없었기 때문이에요. 이러한 규칙은 20세기에 이르러서야 바뀌었어요. 쯔진청에 있는 모든 박물관에 입장할 수 있게 된 것이 계기가 되었어요. 그러면 왜 '도시'라고 부를까요? 왜냐하면 쯔진청은 거의 100개의 건물로 구성된 엄청난 규모의 궁궐이기 때문이에요. 타이허뎬, 치안칭궁, 양신뎬, 황지뎬 등 쯔진청에 있는 주요 건물들 이름은 모두 신비로워요. 쯔진청은 세계에서 가장 큰 궁궐이에요. 궁궐 안에는 군대를 사열하던

광장들이 있고, 황제들이 살던 건물들과 휴식을 취하던 정원들이 있어요. 쯔진청은 면적이 대략 720,000제곱미터예요. 천여 개의 건물과 **9천 개가 넘는 방**이 있어요. 모든 방과 공간에서 하루씩 지낸다면, 얼마나 걸릴까요? 약 25년이 걸린답니다.

물론 황제들은 금지된 도시에서 혼자 살지 않았어요. 황제들은 할 일이 많았고, 가만히 지루하게 시간을 보내는 것도 좋아하지 않았어요. 쯔진청에는 요리사, 의사, 천문학자, 관리(134쪽을 보세요.), 영주와 그 부인들, 하인들이 살았어요. 황제의 명을 받들 사람도 있어야 했고, 황제를 보살필 사람도 있어야 했으니까요. 이 넓은 곳을 청소할 사람이 필요한 것은 당연한 일이었겠죠. 쯔진청에는 총 스물네 명의 황제가 살았어요. 그중 마지막 황제인 **푸이**는 1908년, 겨우 세 살 때 중국 황제가 되었어요. 푸이는 그리 오래 중국을 다스리지 못했어요. 왜냐하면 1911년에 신해혁명이 일어났고, 1년 뒤에 중국의 청나라가 망했기 때문이에요. 고작 일곱 살이던 푸이는 그 이후로도 10년간 쯔진청에 살도록 허락을 받았어요. 푸이는 오랜 시간을 자전거를 타면서 시간을 보냈을 거예요. 자전거를 가진 첫 번째 중국인이었으니까요. 훗날 푸이는

다시 청나라의 부활을 꾀했지만, 계획이 무산되고 말았어요. 이후 오랫동안 전 세계를 돌아다니다 결국 베이징으로 다시 돌아왔어요. 쯔진청에서 일하던 조용한 정원사이자 문서 기록 담당자가 중국의 마지막 황제였다는 사실은 거의 아무도 몰랐답니다.

중국의 관리들

중국 사람들은 머리 좋은 사람을 아주 높게 평가해요. 먼 옛날에도 똑똑한 사람이 정치를 잘할 것이라고 생각했어요. 유럽에서는 기사들이, 일본에서는 사무라이가 나라의 중요한 위치를 차지하고 있을 때, 중국에서는 만다린이라는 사회 계층이 국가의 일에 앞장섰어요. 교육 수준이 높은 중국의 고급 관리를 '만다린'이라고 해요.

만다린은 누구나 될 수 있었어요. 물론 쉬운 일은 아니었지요! 출세를 하려면 어려운 글짓기 시험과 서예 시험을 통과해야 했고, 의식과 제례에 관한 지식도 갖추고 있어야 했어요. 만다린에 지원하는 사람들은 주어진 주제에 맞는 긴 글, 혹은 가끔은 시를 써야 했어요. 종종 화가나 시인이 만다린이 되는 경우도 있었는데, 만다린 시험

과목을 보면 전혀 이상한 일이 아니에요. 다만 예술가들이 공무를 수행하는 데 적합하지 않은 경우도 있었지만요. 만다린이 되기 위한 시험 준비는 몇 년씩 걸렸어요.

만다린이 되려면 세 살 꼬마 때부터 공부를 시작했어요. 시험은 굉장히 어려웠고, 3일 동안 계속되었어요. 시험을 마친 사람들은 특별히 준비된 작은 방에 갇혀 있어야 했어요. (이런 공간은 베이징 콩먀오 옆 국자감에서 볼 수 있어요.) 덕분에 시험을 친 사람들은

그 누구도 시험에 대한 귀띔을 할 수도, 받을 수도 없다는 것을 믿을 수 있었어요. 시험을 치는 도중에는 밖으로 나가는 것도 금지되어 있었어요. 응시자들은 서예용 붓이나 먹 외에도 시험을 보는 동안 먹을 음식과 이불, 오줌을 누는 요강까지 준비해 와야 했어요. 만다린은 황제의 명에 따라 국가 업무의 전 부분에서 권한을 갖고 일을 했어요. 물론 쉬운 일은 아니었어요. 여러분도 알다시피 중국에서는 다양한 언어와 사투리를 썼기 때문에(22쪽을 보세요.) 각 지역에서 온 관리들은 서로 소통이 잘 안 되었어요. 그래서 각 지역의 사투리 가운데 하나를 공공 기관에서 사용하는 공식 언어로 정했어요. 이때 선택된 언어를 만다린어라고 불러요. 만다린어는 빠른 속도로 지식인이 사용하는 언어로 자리 잡았어요.

그럼 여성 만다린도 있었을까요? 안타깝게도 여성은 없었어요. 옛날에는 여성이 공부를 할 수 없었거든요. 그럼 만다린이라는 이름을 가진 과일은 옛날 중국 관리들과 무슨 상관이 있을까요? 간단하게 말해 과일 만다린과 관리 만다린은 아무 상관 없어요. 만다린은 중국에서 재배하지만, 꼭 중국에서만 자라는 것은 아니거든요. 중국 사람들은 만다린을 풍요와 번영의 상징으로 여겨요. 작은 태양처럼 생겼다고 생각하고, 신을 위한 제물로 제단에 올리곤 해요. 작은 만다린나무는 춘절(40쪽을 보세요.) 때 장식으로 이용되기도 하지요. 만나는 사람들마다 덕담을 하며 만다린을 선물로 나눠 주기도 한답니다.

후퉁 골목길

이징의 중심가에는 좁은 골목길로 이어진 복잡한 지역이 있어요. 오래전, 좁은 길에 서로 다닥다닥 붙여서 단층집을 지었어요. 이 골목길을 후퉁이라고 해요. 이 길은 자동차가 들어가기 어려울 정도로 좁아요. 억지로 들어가려면 자동차의 사이드 미러를 접어야 해요! 택시 기사들은 길목이 막혀 버리면, 한 장소에서 오랜 시간 발이 묶일 수도 있기 때문에 후퉁에 가는 것을 꺼려요. 그래서 후퉁에서는 걸어 다니거나 자전거, 인력거인 릭샤를 이용해 다니는 것이 가장 좋아요. (198쪽을 보세요.)

후퉁에서는 골목길을 중심으로 생활이 이루어져요. 저녁때가 되면 사람들은 카드 게임이나 마작(176쪽을 보세요.)을 하거나 이웃들과 수다를 떨려고 집 밖으로 나와요. 가끔은 잠옷 차림으로도 다녀요. 샤워를 하러 가거나, 빨래를 하러 가는 사람도 있어요. 후퉁 골목길에 있는 대부분의 집에 수도 시설이 없어서 공중 샤워장과 공중 화장실을 이용해야 하거든요. 그래도 고층 아파트보다 이런 곳을 더 좋아하는 사람도 있어요. 후퉁에서는 모두가 서로 아는 사이이고 가까이에 빵집, 가게, 자전거 보관소, 미용실이 있어요. 여름에는 매미 우는 소리를 들을 수 있어요. 중국 사람들은 매미 울음소리를 아주 좋아한답니다.

후퉁의 집들은 좁고, 서로 붙어 있고, 가끔은 창문이 없는 경우도 있어서 아주 편안한 주거 환경이라고 할 수는 없어요. 하지만 모든 사람이 살아 보고 싶어하는 집도 있어요. 이 집은 사자가 빨간 대문을 지키고 서 있고, 안뜰과 마당에는 잡귀가 들어오는 것을 막으려고 영벽이라는 돌담을 쌓아 두었어요. 이러한 구조를 가진 중국식 전통 가옥을 **시허위안**이라고 해요. 시허위안 양식 중 가장 멋진 것은 부속 건물들이 마당을 둘러싼 형태예요. 한 건물 뒤에 또 다른 건물이 등장해요. 쯔진청도 이러한 방식으로 지어졌답니다.(130쪽을 보세요.)

특이한 분위기를 풍기는 후퉁의 골목길은 베이징에서 아주 큰 볼거리 가운데 하나예요. 후퉁에서는 산책을 할 수도 있고, 찻집이나 식당에 갈 수도 있어요. 요리 수업에 참여할 수도 있고요. 찻잔이나 부채, 종이우산, 짚으로 엮은 전통 신발 등 중국 기념품을 사기에도 좋아요. 이 지역에서 가장 유명한 골목길은 **난뤄구샹**이에요. 이 지역을 '머리의 바다'라는 이름으로도 불러요. 평소 엄청난 인파가 몰려 사람들 머리만 보인다고 해서 붙여진 이름이에요! 하지만 골목을 한 바퀴 돌고, 몇 발자국만 걸어도 베이징의 고풍스러운 분위기를 느끼기에 충분해요. 끝없이 이어지는 잿빛 집들 사이에서 물건을 파는 사람들의 목소리, 매미 울음소리, 자전거 경적 소리가 울려 퍼져요.

위대한
네 개의
발명품

나

침반 없이 바닷길을 여행하는 건 상상하기조차 어려워요. 바다는 사방에 물밖에 없으니 어느 쪽으로 가야할지 알아내기 힘드니까요. 또 화약이 없었다면 우리는 조금 더 평화로운 세상에 살고 있을지도 몰라요. 하지만 그랬다면 불꽃이나 폭죽은 구경을 못 했겠지요. 종이와 인쇄술이 없었다면 지금 여러분이 읽고 있는 이 책도 없었을 거예요. 나침반, 화약, 인쇄술, 종이 같은 발명품들이 중국에서 최초로 만들어졌다는 사실을 알고 있었나요?

나침반

나침반은 기원전 2세기 무렵, 중국에서 발명되었어요. 처음에는 점을 보는 용도로 사용되었어요. 옛날 중국 사람들은 나침반으로 집을 지을 장소에 무슨 일이 일어나진 않을지를 확인해 보곤 했어요. 이러한 것을 풍수, 중국어로는 **펑수이**라고 해요.

초기에는 늘 남쪽을 가리킨다 하여 지남철이라고 불렀어요. 요새 사용하는 나침반을 한 번이라도 본 사람은 옛날 나침반이 웃기게 생겼다고 생각할 거예요. 초기 나침반 모양은 오목하고 평평한 그릇에 숟가락이 누워 있는 모양이었어요. 숟가락은 자석(즉, 자기를 띠는 돌)으로 만들어졌고, 그릇에는 다양한 기호가 적혀 있어요. 숟가락은 움직이다가 손잡이 쪽이 남쪽을 향하면 멈춰요.

점술사는 그 움직임을 보면서 기호를 읽어 내고, 다양한 해석을 내놓았답니다.

그다음에 등장한 나침반도 재미있는 모양이었어요. 물이 담긴 그릇에 화살표가 담겨 있었어요. 처음에는 물고기 모양 화살표를 쓰다가 나중에는 지금 나침반 화살표와 비슷한 화살표를 썼어요.

이미 11세기 무렵부터 중국 사람들은 항해를 할 때 방향을 알기 위해 나침반을 활용했어요. 유럽과 아랍에서는 나침반이 13세기나 되어서야 등장했지요. 그런데 중국 나침반에 있던 화살표는 왜 물고기 모양이었을까요?

화약

화약은 9세기에 우연히 발명되었어요. 중국 과학자들은 먹으면 죽지 않는 약을 만들려고 했어요. 그 과정에서 황, 석탄, 나트륨 혼합물에 불을 붙이자 격렬하게 폭발했다고 해요. 처음에는 아무도 여기에 관심이 없었어요. 그러다가 중국이 전쟁에 나서면서 상황이

변했지요. 화약을 활용한 다양한 방법을 생각해 냈어요. 화약을 만드는 기술은 화포, 폭탄, 총알을 만드는 데도 이용되기 시작했어요. 얼마 되지 않아 화약 무기는 활이나 칼보다 훨씬 효과적이라는 것이 확인되었어요.

종이

중국 역사책에 따르면 관리였던 채륜이 종이를 발명했어요. 그때가 바로 105년이었지요. 채륜은 오랫동안 나무껍질이나 뽕나무잎, 명주실, 어망 같은 재료로 실험했어요. 그러다 마침내 틀을 잡을 수 있는 혼합 물질을 얻어 냈고, 이 물질을 넓게 펴서 말리는 방법을 개발하는 데 성공했어요. 황제는 채륜의 성과를 치하하고, 채륜이 종이의 발명가라는 것을 세상에 알렸어요.

중국의 전통 종이는 아주 가볍고 얇아요. 뒤가 비치면서도 굉장히 질겨요. 종이는 글씨를 쓰거나 그림을 그리는 데 사용되었고, 등을 만들거나 연(188쪽을 보세요.), 우산을 만드는 데도 사용되었지요.

종이는 수백 년 동안 중국에서만 이용되다가 8세기에 이르러서야 아랍 사람들이 포로로 잡아온 중국의 종이 기술자에게 종이 만드는 법을 배웠어요. 이후 아랍 사람들은 스페인과 이탈리아에 종이 회사를 세웠고, 덕분에 전 유럽에 종이가 보급되었지요.

그렇다면 중국 사람들은요? 중국 사람들은 종이를 중요한 일을 기록하는 것뿐만 아니라 다양하게 활용했어요. 선물을 포장하거나 화장지를 만들고, 티백으로 만들어 차를 조금씩 나누어 담기도 하고, 게임을 할 수 있는 카드를 만드는 등 종이를 활용한 여러 가지 방법을 생각해 냈어요. 그러다 결국 종이돈, 즉 지폐까지 만들었답니다. (154쪽을 보세요.)

인쇄술

중국의 절이나 궁궐에 가면 글자를 새긴 거대한 비석을 볼 수 있어요. 옛날에 중국에서는 이런 방식으로 황제의 명을 전달하거나 중요한 정보를 기록했어요. 황제가 내리는 지시나 말을 어디론가 멀리 전달해야 할 때는 서신을 만들었어요. 물에 적신 종이를 글이 새겨진 판 위에 펼쳐 놓고, 동그랗게 뭉친 천에 잉크를 묻혀 조금씩 조심스럽게 눌러요. 그러면 잉크는 평평한 부위와 종이가 접한 부분에만 묻고, 돌을 파낸 부분은 하얗게 남게 된답니다.

도장과 같은 원리예요. **도장**에는 글자가 볼록 튀어나와 있고,

도장을 찍으면 글자만 색이 드러나요. 중국에서는 약 2천 년 전부터 도장을 사용했어요. 도장은 서류가 진짜라는 것을 확인해 주는 용도로 사용되었지요. 중국의 고위 관리인 만다린(134쪽을 보세요.)은 자기가 일하는 관직의 이름이 적힌 도장을 가지고 있었어요. 도장을 잃어버리면 결정을 내릴 수 있는 권한을 잃는 데다 중요한 일을 망치기 때문에 만다린은 도장을 아주 소중하게 지켰어요! 지금도 중국에서는 빨간 도장이 없는 서류는 유효하지 않은 것으로 생각해요. 그래서 가끔 필요한 도장을 모두 받으려고 여기저기 다니려면 달리기를 잘해야 할 때도 있답니다.

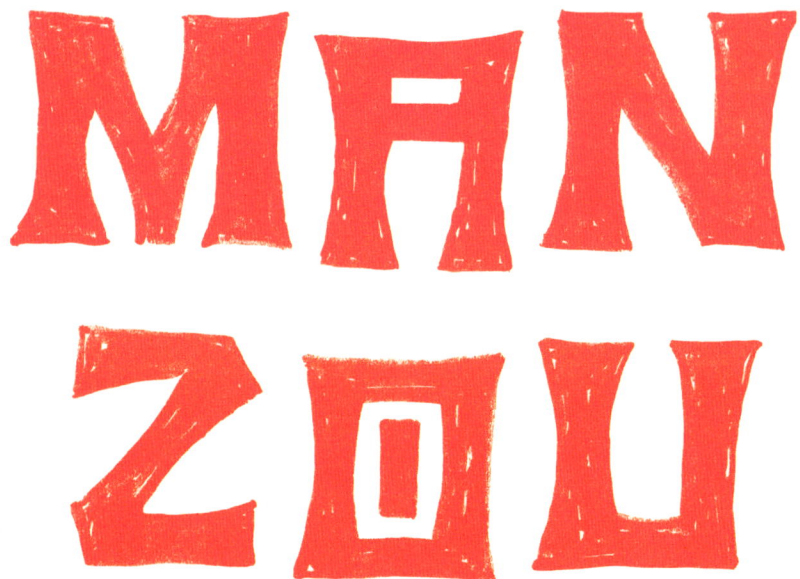

중국에서 도장은 나무나 돌로 만들어요. 모양은 동그라미, 타원, 네모 모양이 있어요. 곳곳에서 개인용 도장을 주문할 수 있지요. 조금만 기다리면 도장 장인이 도장을 파 준답니다.

153

도장 기술에서부터 찍고 싶은 글자를 바꿔 끼는 **활자 인쇄**까지 그리 오랜 시간이 걸리지 않았어요. 첫 번째 활자판은 11세기 중국에서 등장했어요. 주사위 모양으로 만든 점토 한쪽 면에 문자를 새겨 구워 낸 네모 기둥 모양의 활자였어요. 칸이 나뉜 판에 활자를 짜 맞춰 판을 완성하고, 밀랍을 부어 고정시켰어요. 이런 활자판 덕분에 전통 방식으로 만든 중국책들은 글자 주변에 테두리가 함께 찍혀 있어요. 인쇄가 끝나면, 활자를 다시 사용하려고 밀랍을 녹여 판과 분리했어요.

중국의
또 다른
발명품

154 종이돈

중국에서 9세기 무렵부터 종이돈을 사용하기 시작했어요. 유럽에서는 그보다 800년이나 늦게 종이로 만든 돈, 즉 지폐를 사용했지요. 중국은 동전을 최초로 사용한 나라이기도 해요. 철로 만든 초창기 돈은 삽 모양이었어요. 그다음에는 칼과 비슷한 모양이었는데 둥글게 만든 끝부분에 네모난 구멍이 뚫린 돈을 사용했어요. 구멍 덕분에 돈을 실에 꿰어 걸 수 있었고, 이런 방식으로 돈을 보관하거나 운반할 수 있었어요. 비단길(193쪽을 보세요.)을 다닐 때는 곳곳에 위험이 도사리고 있어서 상인들은 돈을 목걸이나 팔찌처럼 걸고 다녔어요. 그러다가 나중에는 칼 모양의 돈에서 동그란 끝부분만 남아 지금 동전과 비슷한 모양이 되었어요. 지금도 옛날 중국 동전을 부를 상징하는 장식품으로 사용해요. 그래서 상하이에 있는 어떤 거대한 은행 건물이 동전 모양으로 생긴 걸까요?

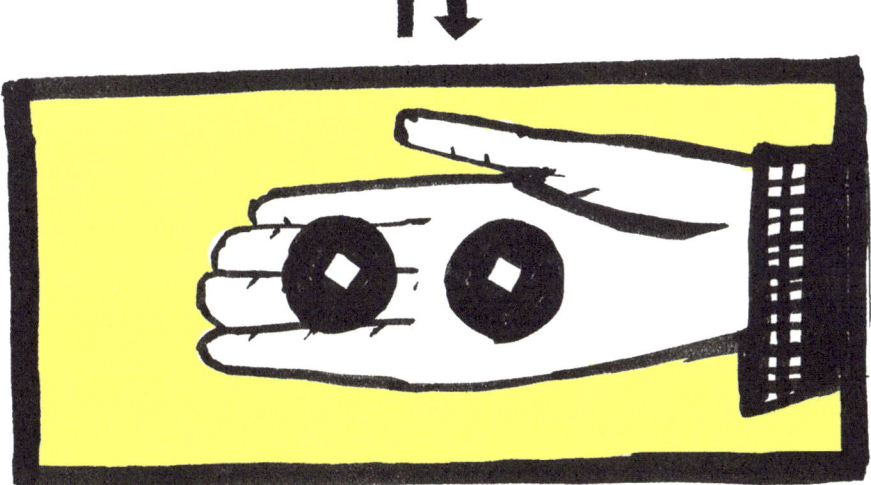

중국식 주판

주판은 세계에서 가장 오래된 연산 도구로, 지금도 여전히 사용되고 있어요. 주판에 대해 190년에 기록한 문서가 남아 있어요! 고대 주판은 두 부분으로 나뉘어 있어요. 각각의 열에 알이 일곱 개씩 달려 있고, 두 개의 칸 가운데 위쪽에는 두 알, 아래쪽에는 다섯 알이 있어요. 위아래 칸을 나누는 선으로 밀어낸 알로 계산을 해요.

그럼 주판을 어떻게 쓰는 걸까요? 주판 아래 칸 첫 번째 열에 있는 알은 1, 두 번째 열에 있는 알은 10, 세 번째 열에 있는 알은 100, 네 번째 열에 있는 알은 1,000, 그다음은 더 큰 수를 나타내요. 주판 위 칸 첫 번째 열의 알은 5를, 두 번째 열의 알은 50, 그리고

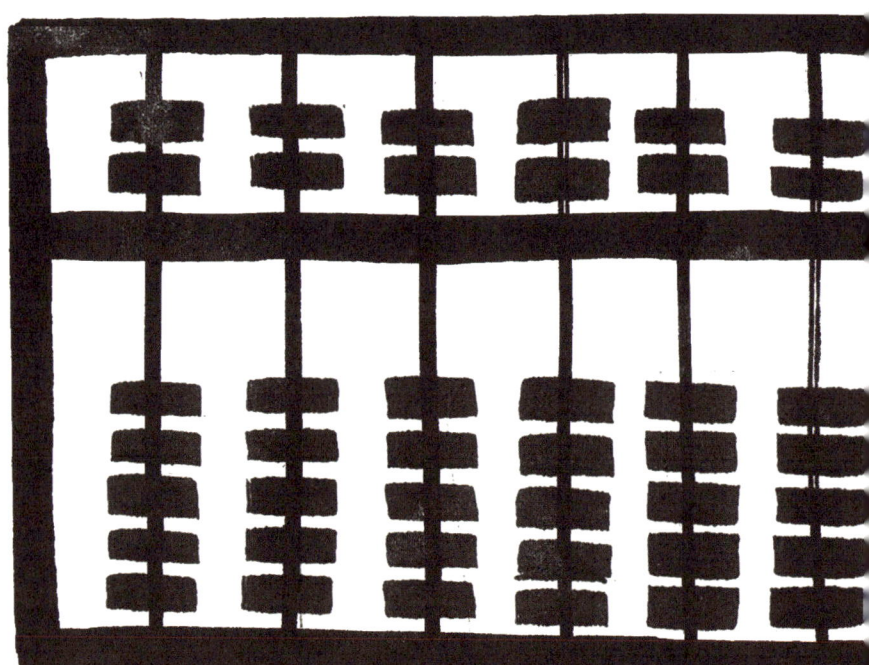

세 번째 열의 알은 500을 뜻해요. 예를 들어 주판 위 칸에서 첫 번째 열의 알 두 개는 10이지요. 좀 더 복잡한 것을 계산할 때는 10을 주판 아랫부분의 두 번째 열의 알 하나로 표시해요. 가끔은 두 가지를 조합해서 사용해요. 그럼 숫자 7은 어떻게 표시할까요? 위 칸 첫 번째 열에서 알 하나를 당겨 오면 5, 아래 칸에서 두 알을 가져오면 2, 이렇게 7이 됩니다.

주판으로 더하거나 뺄 수 있을 뿐만 아니라 곱하거나 나눌 수도 있고, 제곱근을 구할 수도 있어요. 중국의 주판은 실제로 사용할 수 있는 소형 계산기라고 말하기도 해요. 전원도 필요 없고, 고장도 거의 안 나서 아주 오랫동안 사용할 수 있답니다.

도자기

영국 사람에게 한번 물어보세요! 분명 차는 찻잔에 따라 마셔야 한다고 말할 거예요. 물론 도자기로 된 찻잔이지요! 영국 도자기 이름은 중국과 이름이 같은 **본차이나**라고 해요.

맞아요, 도자기도 중국 사람들이 먼저 만든 거예요! 7세기에 중국 사람들은 도자기로 그릇을 만들었어요. 도자기는 특수한 흙과 물질을 섞어 만들어요. 이 혼합 재료는 아주 높은 온도에서도 견딜 수 있어요.

처음 만들어진 도자기는 흰색이었어요. 도자기에 따른 물이 비칠 정도로 두께는 얇아야 했지요. 그러다가 차를 마시는 용도로 도자기를 사용했어요. 중국 사람들은 도자기 재료의 배합 방법을 18세기까지 비밀로 했어요. 그때까지 도자기는 아주 비싼 값에 팔렸고, 흰색 금이라고 부르기도 했어요! 도자기는 시대마다 유행하는 무늬와 형태, 색이 달랐어요. 하지만 중국 도자기 가운데 가장 유명한 것은 흰색 바탕에 푸른색으로 섬세하게 무늬를 그려 넣은 도자기예요.

상하이,
바다의 도시

하늘을 향해 뻗은 고층 건물과 수천 개의 불교 사찰, 구불구불한 언덕의 길, 여름이면 기분 좋은 그늘을 만들어 주는 플라터너스 나무가 위엄 있는 모습으로 서 있는 옛 골목길과 여러 방향으로 뻗은 도로들, 해변의 산책로 **와이탄**과 **스쿠먼**이라 불리는 돌문 뒤로 늘어선 집들은 상하이를 대표하는 모습이에요. 상하이는 세계에서 가장 큰 도시 가운데 하나이자 중국에서 가장 현대적인 도시랍니다.

양쯔강 입구에 위치해 있는 상하이는 바닷가라는 뜻을 갖고 있어요. 몇 세기 전만 해도 이곳은 작은 어촌에 지나지 않았어요. 이후에 도시는 점점 커졌고 발전을 거듭했어요. 지금 상하이의 인구는 우리나라 인구의 절반 정도인 2,400만 명이에요! 상하이는 무역의 중심지이자 세계에서 가장 큰 항구 도시예요. 중국의 주요 금융가와 중국에서 가장 높은 건물도 이 도시에 있어요.

상하이 중심에 흐르는 황푸강은 도시를 반으로 나눠요. 강에는 유람선과 항구로 들어가는 바지선이 떠 있어요. 저녁에 황푸강을 오가는 배는 상하이에서 주요하게 즐길 거리 가운데 하나예요. 상하이에 갔다면 **푸둥** 지역의 강가에 늘어선 높은 빌딩을 배경으로 반드시 사진을 찍어야겠지요.

푸둥 공항에서 자기 부상 열차를 타고 시내까지 갈 수 있어요. 세계에서 가장 긴 자기 부상 열차 노선으로, 그 길이가 거의 30킬로미터나 돼요. 자기 부상 열차는 강력한 자기력을 이용해 열차가 선로에서 살짝 떠서 이동해요. 상하이의 자기 부상 열차는 시속 430킬로미터까지 속도를 올릴 수 있고, 30킬로미터 거리를 7분 만에 주파할 수 있어요.

푸둥을 즐기기에 가장 좋은 장소는 황푸강 근처에 있는 와이탄 산책로예요. 그 옆으로 멋진 서양식 건물들이 늘어서 있어요. 상하이는 이미 19세기 말과 20세기 초부터 외국 상인들, 사업가, 금융가를 끌어모으는 거대 도시였어요. 외국 사람들과 함께 현대식 은행과 전기, 자전거(198쪽을 보세요.), 자동차, 건축 양식까지 중국으로 들어갔어요.

강가를 산책하거나 건너편에 보이는 환상적인 야경을 보려고 저녁마다 수많은 인파가 와이탄 해변에 모여들어요. 상하이의 야경은 형형색색으로 반짝이는 마천루와 깜빡이는 네온사인, 최신식 건물에 걸린 광고판으로 화려하게 빛나요. 밤의 푸둥은 마치 높은 건물들이 서 있는 우주의 섬처럼 보여요. 거대한 텔레비전 송신탑은 몇 분 간격으로 색을 바꾸며 깜박여요. 그래서 어떤 사람은 탑에 빨간 조명이 켜 있다고 하고, 또 어떤 사람은 초록, 아니면 보라색 조명이 켜 있다고 말해요.

상하이를 여행하는 건 중국 전체를 여행하는 것과 같아요. 상하이 남쪽에서 북쪽으로 이어지는 거리 이름은 중국의 도시 이름에서 따서 지었고, 동쪽에서 서쪽으로 난 거리는 중국 성의 이름을 붙였어요. 가장 유명한 거리는 상점과 관광객으로 가득한 난징 거리랍니다.

점토 부대

1974년, 시안 근처 어느 시골에서 농부들이 우물을 파다 이상한 걸 발견했어요. 땅에서 진흙으로 만들어진 사람의 머리와 팔, 몸통, 다리를 찾은 거예요. 엄청 놀라고 무서웠던 농부들은 이 사실을 고고학자들에게 알렸어요. 이야기를 전해 들은 학자들은 곧장 연구를 시작했어요. 농부들은 도대체 뭘 발견한 걸까요? 바로 세 개의 지하 공간에 숨겨져 있던 8천 개가 넘는 병마용이에요. 활을 쏘는 병사와 석궁을 쏘는 사수, 보병, 달리는 병사, 말을 탄 병사와 나무 마차에 묶인 말 등 부대 전체가 진흙으로 만들어졌어요!

이렇게 발굴된 병마용의 일부는 모형들이 처음 발견된 장소에 지어진 진시황 병마용 박물관에서 볼 수 있어요. 점토 병사는 키가 2미터 가까이 되고, 가장 무거운 것은 300킬로그램이나 나간답니다. 서로 모습이 같은 게 하나도 없어요!

발굴 직후에는 병마용 가운데 일부에 색이 칠해져 있었어요. 그런데 신기하게도 색이 사라져 버렸어요. 어떤 건 몇 시간 만에 없어지기도 했어요. 오랜 연구 끝에 병마용에 값비싼 옻칠이 되어 있었다는 사실을 밝혀냈어요. 옻칠은 긴 시간 땅속에서 원래 성질을 잃어버렸고, 공기에 노출되면서 빛과 공기의 영향으로 미세한 입자로 분해된 거예요.

누구에게, 왜 이 진흙 부대가 필요했던 걸까요? 바로 중국의 첫 번째 황제인 진시황의 지시에 따라 탄생했어요. 진시황은 기원전 221년에 일곱 개의 나라를 하나로 통일시켜 진을 세운 황제예요. 황제의 부대는 죽은 뒤에도 무덤을 지키고, 명령에 따를 준비가 되어 있어야 했어요.

167

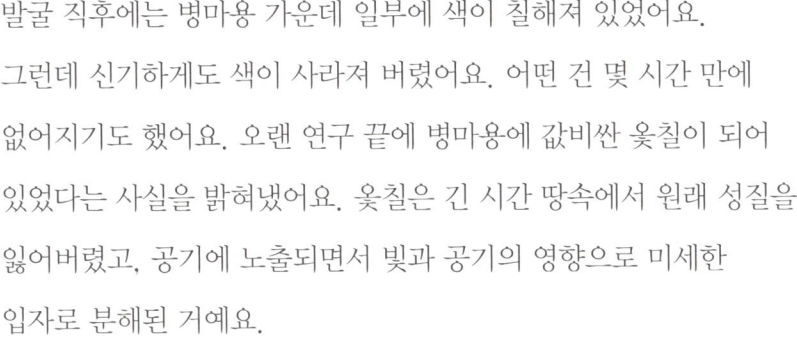

진시황은 영원히 살고 싶다는 아주 큰 열망을 갖고 있었어요. 늘 영원한 삶을 가져다주는 약을 원했지요. 신하들은 어떻게 하면 좋을지 고민을 했어요. 오랜 논의 끝에 신하들은 수은이 포함된 약을 준비했어요. 수은은 당시 가치가 아주 높은 물질이었거든요. 당시에는 수은에 독성이 있다는 사실이 알려져 있지 않았어요. 수은이 들어간 불로장생약은 진시황을 서서히 미치게 만들었어요.

진시황은 다른 황제들처럼 왕위에 오르자마자 자기 무덤을 만들라고 지시했어요. 죽은 뒤에도 무덤에서 중국을 지배하려고 한 거지요. 전설에 따르면 무덤 천장에 진주를 박아 마치 별이 하늘에서 빛나는 것처럼 보이게 했어요. 청동으로 된 바닥에는 중국 지도를 놓아 두었고, 화려하게 장식된 석관 주변에는 수은 강을 만들었어요. 누군가 안으로 들어와 황제의 평안을 깰 수 없게 함정을 파고, 자동으로 발사되는 석궁을 숨겨 두었지요.

거대한 성벽

170

거대한 성벽은 그저 웅장하기만 한 것이 아니라 굉장히 인상 깊어요! 중국 북부 지방에 있는 산과 골짜기를 가로질러 거대한 용의 갈기처럼 구불구불 꿈틀거리는 느낌이에요. 용처럼 성벽에도 머리가 있다는 것을 알고 있나요? 성벽이 시작되는 보하이만에서 보면, 아주 큰 용머리가 바닷물에 머리를 담그고 있는 것처럼 보인답니다.

고대 중국 사람들은 군대에서 사용하는 아주 기발한 알림 체계를 생각해 냈어요. 그들은 만리장성의 전 구간에 100미터 간격으로 신호탑을 세웠어요. 보초병이 뭔가 의심스러운 상황이 보면 불을 피워 알렸어요. 다른 장소의 보초병이 연기를 보면, 똑같이 불을 피워 알려요. 이런 방식으로 위험 상황을 수도까지 빠르게 전달할 수 있었어요.

이 거대한 성벽은 얼마나 길까요? 중국 사람들은 이 성벽을 만리장성이라고 불러요. 즉, 성벽의 길이가 만 리가 된다는 뜻이지요. 중국에서 '리'는 몇 미터일까요? 리의 길이는 시대에 따라 조금씩 달라요. 어떤 때는 300미터가 넘었고, 또 어떤 때는 600미터가 넘었어요. 여러분도 만리장성이 우주에서 보이는 지구의 유일한 건축물이라는 이야기를 분명히 들어 봤을 거예요. 하지만 이 말은 사실이 아니랍니다.

만리장성을 짓는 데 사용된 벽돌의 양은 우리가 사는 지구를 다섯 번은 충분히 감을 정도예요. 어떤 곳은 성벽의 높이가 16미터나 되고, 폭은 말 네 마리가 나란히 서서 다닐 수 있을 정도로 넓어요. 만리장성은 인간이 자연을 넘어선 진정한 성공 사례이고, 만리장성을 사진에서라도 본 적이 있다면 이 점을 인정할 수밖에 없을 거예요.

실제로 만리장성은 수많은 벽과 담, 탑과 연결되어 있어요. 그리고 수세기에 걸쳐 만들어졌어요. 중국을 다스린 통치자들은 각 시대에 존재한 소재로 대대로 만리장성의 규모를 키웠어요. 만리장성은 현존하는 가장 긴 성곽으로, 유네스코 세계 문화유산에 등재되어 있어요. 여러 시대에 걸쳐 모래나 강, 언덕 등의 지형에 맞게 만들어진 만리장성은 넘기 어려운 경계예요.

만리장성의 성벽은 외부에 있는 적의 공격으로부터 중국을 보호하려는 목적을 갖고 있어요. 하지만 그 임무를 실제로 다한 적은 한 번도 없어요. 항상 성문을 열어 주는 배신자들이 있었거든요. 어쨌든 수백 년 동안 만리장성은 중국의 백성들에게 안전하다는 느낌을 심어 주었고, 국가의 힘을 보여 주는 상징적 존재로 자리 잡았어요.

아주 오래전부터 중국 사람들에게는 분명 추진력이 있었고, 지금도 그래요. 계획을 세우고, 원하는 것을 만들고, 아주 특이한 생각을 현실로 만들어 내니까요.

이봐,
짜증 내지 마

여러분은 '새옹지마'라는 이름의 보드게임에 대해 들어 본 적 있나요? 이건 아주 간단한 보드게임 가운데 하나예요. 중국 사람들은 이 놀이를 하면서 다른 사람들과 함께 시간을 보내는 것을 좋아하고, 이 밖에도 다양한 놀이를 해요. **장기**와 **마작**, **바둑**이 가장 인기가 많아요. 중국의 공원이나 광장에 가면 특이한 탁자를 종종 볼 수 있어요. 그 탁자는 게임을 할 수 있는 판이 된답니다.

장기판은 쉽게 알아볼 수 있어요. 판의 한가운데 편을 가르는 강이 흐르고, 양쪽에 두 개의 궁으로 나누어져요. 궁궐에는 병사와 말, 무기, 마차, 코끼리 등이 전쟁을 이끌어 나가요. 물론 여기서 병사나 코끼리는 당연히 진짜 존재하는 건 아니에요. 장기 알에는 병사나 말, 무기를 뜻하는 한자가 적혀 있어요. **바둑**은 아주 오래된 중국의 놀이로, 중국에서는 **웨이치**, 일본에서는 **고**라고 해요.

장기

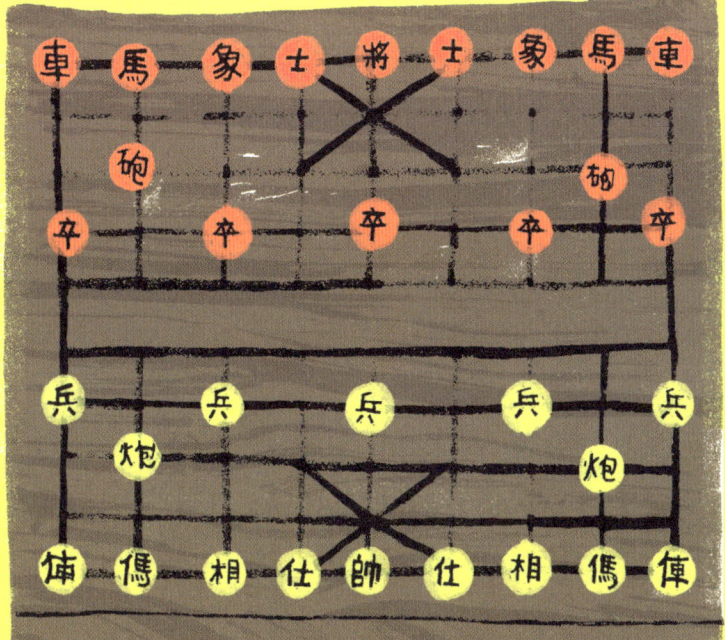

마작

마작 게임을 뜻하는 중국어인 마장은
'참새'라는 뜻이에요. 마작 패를
섞을 때 나는 소리가 참새의 울음소리를
떠올리게 한다고 해서 이런 이름을
갖게 되었다고 해요. 게임을 시작하려고
패를 섞을 때 만리장성을 쌓는다고 표현해요.

언뜻 보면 바둑은 단순해 보여요. 바둑판은 평범한 격자무늬로 되어 있고, 흰 돌과 검은 돌만 필요해요. 하지만 바둑은 계속 생각하고 끊임없이 작전을 짜야 하는 아주 복잡한 경기예요. 바둑을 두는 사람 중 한 명은 흰 돌을, 상대방은 검은 돌을 들고 바둑을 두어요. 두 사람은 번갈아 바둑판의 선과 선의 교차점에 돌을 내려놓아요. 바둑은 넓은 땅을 확보하고, 상대의 길목을 막는 것이 목표예요. 길을 막으면 상대방 돌을 따낼 수 있어요. 바둑은 보기와는 달리 절대로 간단하지 않아요! 마작은 보통 녹색 탁자에서 게임을 하지만 없어도 괜찮아요.

마작은 시작하기 전에 패로 성을 쌓아요. 마작 패에는 색칠된 동전과 대나무, 바람, 용, 사계절, 꽃 등이 그려져 있어요. 게임은 동, 서, 남, 북의 바람 패 뽑기로 시작되고, 누가 동을 뽑느냐에 따라 움직이는 방향이 결정돼요. 게임에 참가하는 사람은 천천히 성을 허물며 게임을 진행해요. '마작패 만들기' 그러니까 가장 점수가 높은 패를 조합하는 것이 목표예요. 카드 게임과 마찬가지로 이기려면 운도 필요하지만 전략을 세우는 것도 중요해요! 어떤 사람은 마작에서 지면 반드시 옷을 갈아입어야 한다고 해요. 나쁜 운을 떨쳐 버리려고요.

아침 체조와
저녁 춤

이른 아침과 해질 무렵이 되면 중국의 공원이나 광장이 사람들로 가득 차요. 사람들은 공원이나 광장에서 기분 좋게 하루를 시작하고, 일과를 끝낼 때도 이런 곳에서 편안하게 휴식을 취해요.

체조는 하루를 시작하는 가장 좋은 방법이에요. 중국 사람들은 생명 에너지(102쪽을 보세요.)인 **기**를 강화하기 위해 수세기 동안 여러 가지 체조를 만들고 수련해 왔어요. 누구나 넓은 공터에서 **기공**과 **타이치**를 수련해요. 커다란 나무 아래의 잘 다져진 땅이 적당해요! 건강한 사람, 아픈 사람, 나이 든 사람, 젊은 사람 할 것 없이 여러 명이 무리를 지어 있는 것을 자주 볼 수 있어요. 특정한 동작을 반복하는 것은 집중력을 높여 주고, 일상 속의 문제들을 잊게 해 주어요. 게다가 건강에도 좋답니다. 이런 체조들은 중국의 무예와 무술의 바탕이 되기도 해요.(185쪽을 보세요.) 유연한 동작은

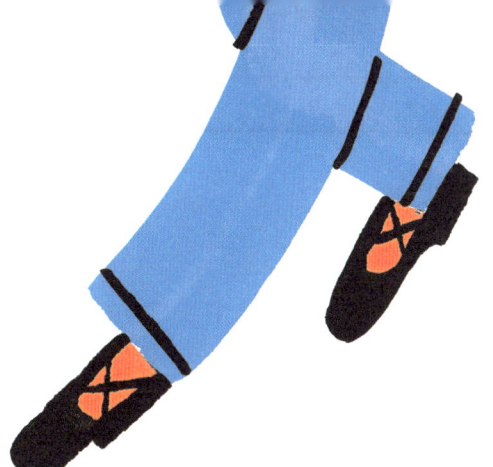

약간 비밀스러운 춤처럼 보이기도 하고, 느린 속도로 나오는
영화의 한 장면 같기도 해요.

해가 질 무렵이면 광장과 공터에서 음악이 울려 퍼져요. 자기
전에 춤으로 살짝 몸을 풀고 싶어 하는, 근처에 사는 중국
아주머니들이 이곳으로 와요. 가끔은 백화점이나 쇼핑센터 앞에서
모이기도 하고, 지하철역 입구나 주차장에 모이기도 해요.
아주머니들은 그저 간단한 저녁 체조라고 말하지만, 저녁 운동을
하는 모습은 종종 진짜 공연을 하는 것처럼 보이기도 해요.
아주머니들은 특수한 수레에 음악 재생 장치와 다양한 소품을 갖고
다녀요. 몸을 풀러 나오면서 부채를 들고, 장갑을 끼고, 숄을 걸치고,
허리에 띠를 둘러요. 이런 모습을 보려고 사람들이 모여드는 것은
당연한 일이지요! 가끔 아주머니들과 함께 춤을 추려고 나오는
사람들도 있어요. 만일 여러분이 예의 바르게 웃으면서 동작을 따라
하면, 아주머니들과 같이할 수도 있어요. 결국 다른 사람들과 함께
어울려 즐거운 시간을 보내려고 저녁에 밖으로 나오는 것이니까요.

184

쿵푸?
우슈?

'쿵푸'라는 말은 중국의 무예를 뜻해요. 그러나 이것은 중국 밖으로 퍼진 표현 가운데 하나로, 다른 나라로 전해지는 동안 그 뜻이 변했어요. 중국 사람들은 무예를 **우슈**라고 해요. 쿵푸는 원래 오랜 시간 훈련을 통해 다다르는, 어떤 한 분야의 장인이 되는 것을 뜻해요.

185

중국에는 **수백 개의 다양한 무술**이 있다고 알려져 있어요. 심지어 학교 체육 시간에도 무술을 배울 수 있어요! 어떤 무술은 체력 향상에 중점을 두고, 어떤 무술은 막대기나 칼 같은 도구를 활용한 싸움의 기술에 중점을 두어요. 모든 무술의 시작은 비슷해요. 무술의 기초는 동물의 행동을 따라 하는 거예요. 동물의 유연한 움직임과 움직일 때의 속도, 먹잇감을 공격할 때의 정확성 등을 따라 하는 거지요. 특히 학과 원숭이, 사슴, 곰, 호랑이 같은 동물들이 무술 동작에 많은 영감을 주었다고 해요. 또한 중국 사람들은 동작을 여러 번 반복하는 것이 좋다는 것도 알아냈어요. 반복 수련은 집중력을 높이고,

건강에도 좋고, 체력을 강화시키고, 몸의 상태를 좋게 유지하는 것에도 도움이 돼요. 중국의 무술에 대한 전설적인 이야기도 전해 내려와요. 아주 오래전 쿵푸의 대가는 공중으로 몸을 띄울 수 있고, 벽을 뚫고, 날아오는 화살도 거꾸로 돌려보낼 수 있었대요. 또 **기**가 어마어마하게 세서 적들이 멀리서도 기를 느끼고 가까이 가지 않았다고 해요.

187

쿵푸로 가장 유명한 곳은 **샤오린샤**예요. 우리나라에는 소림사로 잘 알려져 있지요. 이 절은 허난성 깊은 산속에 있어요. 예전에는 나쁜 사람들이 자주 이곳을 공격했어요. 스님들은 피할 곳이나 빠져나갈 구멍이 없었던 탓에 스스로 상황을 살피고 방어를 할 수 있는 방법을 터득했어요. 스님들은 오랜 수련을 통해서 통증, 추위, 더위에 견딜 수 있는 특별한 저항력도 키웠어요. 스님들의 쿵푸 실력이 명성을 얻으면서 샤오린샤에는 나쁜 사람들 대신 수련생들이 오기 시작했답니다.

잠자리와 용, 중국의 연

중국 사람들은 아주 오래전에 연을 만들었어요. 정확히 언제인지 기록이 남아 있지 않지만, 천 년 혹은 2천 년 전에 만들어졌을 거예요. 지금은 연이라고 하면, 연날리기 놀이를 하며 즐거운 시간을 보내는 것이 떠올라요. 그렇지만 예전에는 연이 놀이 도구로만 사용된 건 아니었어요. 옛날 중국 군대에서 적을 겁주려고 **용 모양 연**을 하늘로 날렸어요. 하늘을 나는 거대한 형상은 적들에게 두려움을 불러일으켰고, 겁에 질린 적들을 공격해 손쉽게 이길 수 있었어요. 중국에서는 지금도 하늘을 나는 용을 만들어요. 용은 입을 크게 벌리고 여러 가닥으로 갈라진 긴 꼬리를 가지고 있어요. 지금은 다른 사람을 공격하려고 용 모양 연을 만드는 건 아니랍니다.

이탈리아 여행가 마르코 폴로가 산둥성에 있는 도시 웨이팡에서 유럽으로 가져가면서 처음으로 연이 유럽에 전해졌어요. 지금 웨이팡에는 규모가 아주 큰 연 박물관이 있어요. 이 박물관에 가면 약 2천 종류의 다양한 연을 볼 수 있어요. 그리고 웨이팡에서는 매년 연 축제가 열리고, 축제 기간에는 연날리기 왕을 뽑기도 해요.

베이징에서는 톈안먼 광장이나 톈궁 주변의 공원에서 연을 날려요. 최근에는 불빛을 내는 연이 아주 인기가 많아요! 예쁘기도 한 데다 어둠 속에서 신비롭게 반짝이거든요.

최초의 연은 나무로 간단하게 대를 만들고 비단이나 종이를 씌운 간단한 구조였어요. 겉보기에 새와 비슷했지요. 시간이 흐르면서 대나무 살을 이용해 더 얇고, 쉽게 연의 모양을 잡기 시작했어요. 덕분에 다양하고 개성 있는 연이 나올 수 있었어요. 중국 연은 대부분 동물의 형상을 하고 있어요. 어떤 건 **사냥하는 독수리**나

매, 부엉이 또는 왜가리, 나비, 잠자리 모양을 한 것도 있어요. 또 어떤 연은 단단하고, 어떤 연은 부드러워요. 단단한 재질로 만든 연은 아주 높은 곳까지 뜰 수 있고, 부드러운 재질로 만든 것은 새처럼 유연하게 움직여요. 큰 연은 폭이 1.5미터가 넘어요. 이런 대형 연이 하늘 높이 떠 있는 것을 보면 굉장히 인상적이에요. 연은 아름다워서 감탄이 절로 나와요. 지금도 전통 연의 모양을 본뜨거나 또는 창작자의 상상력을 반영한 새로운 모양의 연을 만들어요. 또 **연 모양은 반드시 대칭이 되어야 한다는 원리**를 꼭 기억해야 해요. 대칭이 되지 않으면 연이 날지 않으니까요.

비단길

중국 사람들은 실용성을 아주 중요시해요. 중국 민족은 상인의 피를 타고 났다고 할 정도로 **장사하는 것을 좋아해요.** 이미 오래전부터 사람들에게 필요한 것이 무엇인지 알아내 가져다 파는 것이 돈을 벌 수 있는 아주 좋은 방법이라는 사실을 알고 있었어요. 특히 고급 상품을 파는 것에 큰 노력을 기울였지요. 예를 들면 비단 같은 것 말이에요!

비단은 보통 옷감이 아니에요. 결이 곱고 매끈하고 부드러워요. 무엇보다 가볍고 얇아서 손에 비단으로 만든 스카프를 여러 개 올려놓아도 전혀 무겁지 않아요. 작은 상자에도 비단옷을 몇 벌이나 넣을 수 있는 정도랍니다. 여름에는 시원하고, 겨울에는 따뜻한 느낌을 줘요. 게다가 잘 닳지도 않아요. 비단은 수세기를 걸쳐 오늘날까지도 훌륭하게 그 지위를 지키고 있고, 가치도 여전히 높답니다!

비단 외에도 도자기와 철, 칠기와 종이 등이 중국에서 유럽으로 퍼져 나갔어요. 식물의 씨앗도 거래되었어요. 금귤과 살구, 복숭아, 대황뿐만 아니라 정원을 장식하는 모란과 진달래, 국화 같은 갖가지 꽃들도 중국에서 퍼져 나갔어요. 반대로 비단길을 통해 중국으로 유럽 사람들이 물건을 구입하고 지불한 금과 유리, 당시에는 알려지지 않았던 당근 같은 채소들, 그리고 유럽의 의자가 전해졌어요!

비단은 약 6천 년 전에 생산되기 시작했어요. 전설에 따르면 중국 황제의 아내인 누조가 비단 만드는 법을 발견했다고 해요. 어느 날 남편인 황제가 아내에게 아끼는 뽕나무가 왜 시드는지 좀 봐 달라고 부탁했어요. 뽕나무를 살피던 누조는 나뭇잎에서 신기한 고치를 발견했어요. 누조는 고치를 대나무 바구니에 담아 관찰했어요. 그러던 중 나방이 고치에서 빠져나와 날아갔어요! 누조는 놀라서 자기도 모르게 고치를 뜨거운 차가 담긴 찻잔에 떨어뜨렸어요. 누조는 고치를 잔에서 건져 내다가 흐물흐물한 고치가 풀어진다는 걸 깨달았어요. 이렇게 해서 아주 강렬한 광택을 뿜는 실을 발견하게 된 거예요. 누조는 고치에서 실을 빼내고, 또 빼냈어요. 실은 아주 길어서 정원 전체를 덮을 정도였다고 해요. 누조는 이 실로 천을 짤 수 있겠다고 생각해 실을 감는 실패와 천을 짜는 베틀을 만들었어요. 이렇게 비단이 탄생했답니다.

비단은 중국 사람들이 외국과 주로 거래하던 고급 물품이었어요. 중국 사람들이 거래를 하러 유럽으로 오가던 가장 오래된 길 이름이 비단길이 된 거랍니다. 비단길은 거리가 12,000킬로미터나 되고, 무려 15세기 동안 이용되었어요. 바닷길을 이용한 더 짧은 길이 발견되기 전까지 중요한 교역로였지요. 상인들은 중국 도시 시안에서 출발해 지중해까지 다녔어요. 여정은 보통 몇 년이 걸렸고, 위험을 감수해야 했지요. 길에는 여러 위험 요소들이 도사렸어요. 모래 폭풍, 홍수, 약탈을 일삼는 강도까지 있었어요. 비록 비단길에서 목숨을 잃을 수도 있었지만 중국 상인들은 계속해서 길을 떠났어요.

기차, 릭샤, 자전거

198 어떤 장소에서 목적지로 빨리 가려면 어떻게 해야 할까요? 중국처럼 면적이 아주 넓은 나라에서는 이동 수단이 굉장히 중요해요. 나라의 한쪽 끝에서 다른 쪽 끝까지 가려면, 예전에는 몇 주나 걸렸어요. 지금은 시간이 훨씬 덜 걸린답니다!

기차를 이용하는 건 어떨까요? 예전에는 기차 여행도 아주 오래 걸렸어요. 가끔은 사람이 엄청 많이 탄 기차에 서서 가거나, 3등 칸에 있는 불편한 나무 좌석에 앉아서 갔어요. 승객들은 가는 동안 서로 친해져 이야기를 나누거나 싸우기도 했고, 기차에서 먹고, 자고, 더러운 바닥에 침도 뱉고, 담배를 피우기도 했어요. 지금 중국에서는 세계에서 가장 최신식인 열차가 운행되고, 비행기만큼 자주 이용되고 있어요. 중국에서 가장 빠른 기차는 시속 350킬로미터에 이르러요. 베이징에서 상하이까지 기차로 겨우 여섯 시간밖에 걸리지 않는답니다.

그럼 가까운 곳에 갈 때는 어떻게 이동할까요? 중국 대도시들은 완벽한 지하철 체계를 갖추고 있어요. 수백만 명의 시민들이 매일 지하철을 이용해요. 그러나 가장 인기가 많은 교통수단은 **자전거**예요!

중국 사람들은 자전거를 아주 좋아해요. 얼마 전, 조사 결과를 보면 중국 사람 가운데 4억 3천만 명이 자전거를 갖고 있다고 해요. 스쿠터나 모터 자전거, 전기 자전거도 인기가 높아요. 이런 교통수단이 나타나기 전에는 인력거인 릭샤가 인기가 높았어요. 릭샤는 뒤에 사람이 앉을 수 있는 좌석이 딸린 자전거인데, 지금은 관광객이 주로 타요. 예전에는 릭샤가 택시의 역할을 했지요.

중국에서는 날씨와 상관없이 일 년 내내 자전거를 타요. 자전거 주인들은 바람이 심하게 부는 날이나 추운 날에도 자전거를 타고 다닐 수 있게 각종 장비를 장착해요. 자전거 주차장에 가 보면 다양한 아이디어로 꾸민 자전거를 볼 수 있어요. 수많은 자전거와 오토바이에 운전을 하는 동안 손이 얼지 않도록 특수 보온 장갑이 달려 있어요. 어떤 오토바이에는 추위로부터 다리를 보호하려고 앞좌석에 누빔 이불을 달아 놓기도 했지요. 어떤 스쿠터에는 우산이 달려 있기도 해요. 소형 트럭은 여러 가지 짐을 실어 나르는 데 가장 좋은 수단이랍니다.

베이징에는 자전거를 위한 몇 차선의 넓은 도로가 있어요. 그 가운데에서도 넓은 길은 자전거 열 대가 나란히 서서 달릴 수 있어요! 자전거와 오토바이를 타는 사람들은 굉장히 복잡하게 무리를 지어 달리고, 함께 교차로에서 대기하거나 움직여요. 덕분에 복잡한 베이징에서도 자전거 타는 데 전혀 위험하지 않아요. 최근 몇 년 전부터는 편안한 신형 자전거가 인기를 끌기 시작했어요.

이 자전거는 스마트폰의 도움으로 위치를 찾고, 교통 카드나 QR 코드를 이용해 빌릴 수도 있어요. 여전히 오래되고 딱딱하고 흔들림이 심한 자전거를 좋아하는 사람들도 있어요. 사람들은 자전거를 타고 따르릉거리며 달리고, 길을 걷는 사람은 이 소리만 듣고도 정중하게 길을 비켜 준답니다.

아주 짧은 중국어 표현들

204

你好 (니하오) - 안녕. / 안녕하세요.

再见 (짜이쩬) - 잘 가. / 또 보자.

谢谢 (셰셰) - 고맙습니다.

对不起 (두이부치) - 죄송합니다.

不客气 (부케치) - 천만에요.(감사에 대한 답변)

没关系 (메이관시) - 괜찮아요.(사과에 대한 답변)

我不明白 (워 부 밍바이) - 저는 잘 모르겠어요.

我 (워) - 나

你 (니) - 너

他 (타) - 그 / 그녀

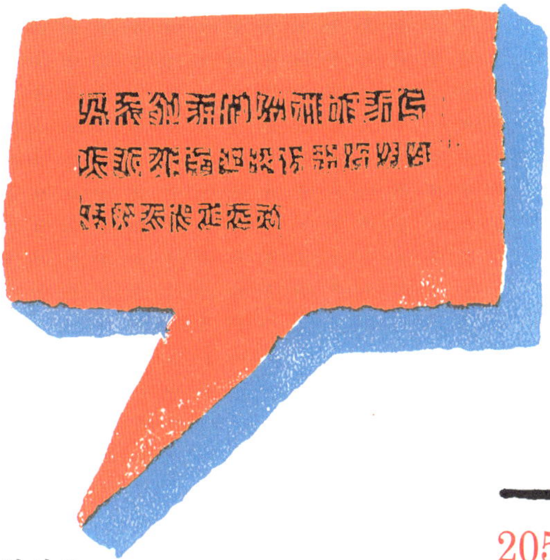

我要 (워 야오) – 나는 원해요.

不要 (부 야오) – 나는 원하지 않아요.

对 (두이) – 맞아.(확인)

不 (부) – 아니야.(부정)

这个 (저거) – 이것, 이

我听不懂 (워팅부동)
– (말하는 것을 들었지만) 무슨 뜻인지 모르겠어요.

OK欸妈? (오케이마) – 괜찮아요?

我是韩国人 (워 스 한궈런) – 나는 한국 사람입니다.

- 这个水果叫什么？(저거 수이궈 쟈오 선머)
- 이 과일의 이름은 무엇입니까?

- 这是芒果。(저 스 망궈)
- 이것은 망고입니다.

- 你帮我把。我的头疼死了
(니 방 워 바, 워 더 터우텅 스 러)
- 도와주세요. 저는 머리가 엄청 아파요.

- 你要我给你脚按摩吗？
(니 야오 워 게이 니 쟈오 안모 마)
- 제가 당신에게 발마사지를 해 드릴까요?

- 你属什么？(니 수 선머)
- 무슨 띠예요?

- 我属龙。(워 스 렁)
- 저는 용띠예요.

- 啊 我也属龙！龙太好了！
(아! 워 예 수 렁! 렁 타이 하오러)
- 와, 나도 용띠예요! 용은 정말 멋져!

- 丽李你有作业吗?
(리리, 니 유 쮀예 마)
- 리리, 숙제 있니?

有。海征 你能借给我一支笔吗?
(유, 하이정 니 넝 제 게이 워 이즈비 마)
- 있어, 하이쩡, 너 나에게 볼펜 빌려줄 수 있니?

- 请问 厕所在哪里?
(칭원, 처쒀 짜이 나리)
- 실례지만 화장실이 어디에 있나요?

- 去外面 然后往左转。
(취 와이몐 란허우 왕 쒀 좐)
- 밖으로 나가서 왼쪽으로 돌아가세요.

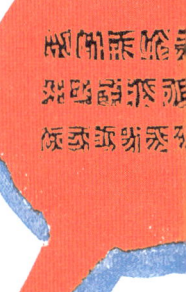

츠 판 러마?
식사하셨어요?

중국 요리를 한번 배워 볼까요?
요리를 할 때는 꼭 어른의 도움을 받으세요!

죽, 콘지

죽(88쪽을 보세요.)은 서양 사람들에게 쌀로 만든 수프로 보여요. 거의 아무 맛도 나지 않지요. 중국 사람들을 죽을 저우라고 해요. 하지만 포르투갈식 이름인 콘지라는 말이 더 널리 퍼졌어요. 유럽 사람들은 죽이 별로 맛없다고 생각해요. 하지만 죽을 싫어하는 중국 사람은 없을 거예요!

중국에서는 보통 아무 반찬 없이 죽을 먹어요. 하지만 죽에 간장과 참기름을 조금 넣어 먹을 수도 있어요. 그리고 다진 파나 피단(66쪽을 보세요.), 튀긴 도넛이나 고기 조각을 곁들여도 좋아요.

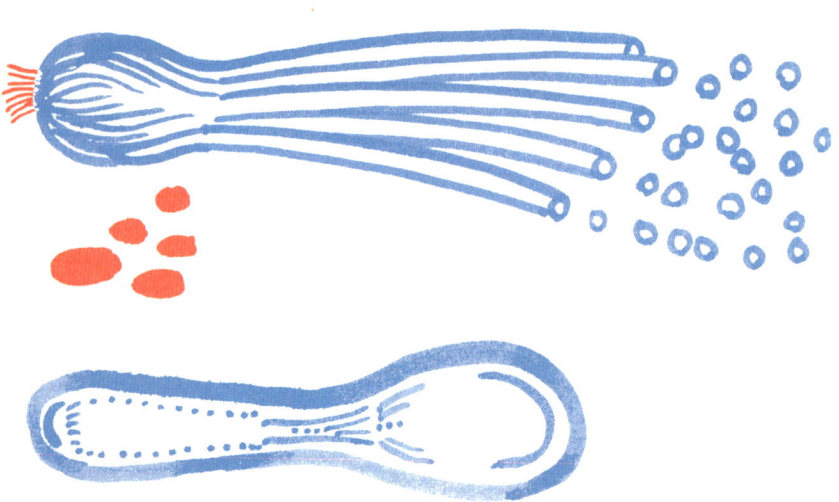

재료:

쌀 1/2컵

물 5컵

냄비에 쌀을 넣고 물을 부으세요. 뚜껑을 덮고 가스 불을 켜세요. 처음에는 센 불로, 그다음에는 아주 약한 불로 두 시간 정도 끓이세요. 다 끓인 죽이 조금 식었으면, 완성된 죽을 오목한 그릇에 담으세요. 중국식 아침 식사가 완성되었습니다!

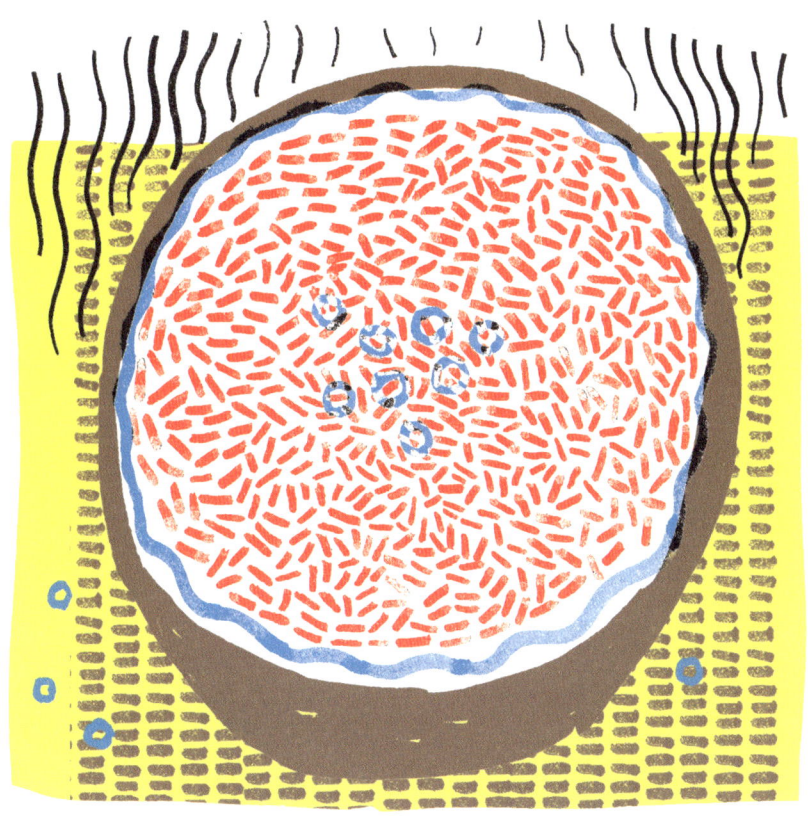

茶叶蛋

찻잎 달걀

차예단

중국식 삶은 달걀을 언뜻 보면 겉이 대리석무늬 같아요. 달걀 흰자는 흐린 노란색이거나 짙은 갈색이에요. 이런 달걀을 만들려면 시간이 조금 걸려요. 그렇지만 아주 간단하답니다!

재료:

달걀 4개

홍차잎 2숟가락(윈난차 같은 중국차가 가장 좋아요.)

생간장 2숟가락

노간장 1숟가락

설탕 1숟가락

오향 1숟가락

스타아니스 2~4개

쓰촨 후추 1/2숟가락

소금 1/2숟가락

계피

달걀을 삶으세요. 달걀이 익으면 냄비에서 꺼내고, 삶은 물은 버리지 마세요. 달걀이 조금 식으면, 숟가락으로 달걀 껍질을 살살 두드려요. 껍질에 살짝 금이 갈 정도로요.

달걀을 삶은 물에 찻잎과 오향을 넣으세요. 잘 섞은 후에 가스불을 켜세요. 그 물에 다시 달걀을 넣고 약 한 시간 정도 약한 불에서 끓입니다. 그대로 상태에서 몇 시간 혹은 밤새 그대로 두세요. 오래 기다릴수록 찻잎 달걀 무늬는 더욱 선명해질 거예요.

葱油饼

중국식 파전,
충유빙

마치 팬케이크처럼 보이는 충유빙은 우리나라의 파전과 비슷한, 중국 사람들이 좋아하는 간식이에요. 중국에서는 이 파전을 길거리 가게에서 사 먹을 수 있어요. 물론 집에서 혼자 만들어 먹을 수도 있지요!

중국식 파전을 만드는 방법은 복잡해 보여요. 만드는 과정을 보면 밀거나 돌돌 마는 과정이 많이 있어요. 그렇지만 한번 해 보면, 쉽게 따라 할 수 있답니다.

재료:
밀가루 1/2컵
뜨거운 물 1/2컵
다진 쪽파
소금
식용유

큰 볼에 밀가루를 담고 물을 넣어서 잘 섞어 주세요. 빵을 만들 수 있을 정도로 걸쭉하게 반죽을 하세요. 반죽을 한데 모아 동그랗게 만든 다음 그릇에 넣고 천으로 덮은 후 20분 정도 놔둡니다. 판에 밀가루를 뿌리고 그 위에 숙성시킨 반죽덩어리를 올리세요. 한 번 더 반죽을 하고 다시 동그랗게 만드세요. 동그란 덩어리를 다섯 조각으로 나누고, 각 덩어리를 작은 공처럼 만드세요. 그런 다음 반죽을 밀대로 밀어서 평평하게 폅니다.

피가 만들어지면 식용유를 바르고, 다진 파와 소금을 뿌리세요. 그 다음에 피를 김밥을 말듯이 돌돌 말아 주세요. 가운데에 파가 들어가 있겠지요. 길게 말아 둔 반죽을 다시 달팽이집처럼 동글동글하게 말아 주세요. 그러면 전체적으로 둥근 형태가 되는데요, 이것을 그 상태에서 다시 밀대로 밀어서 평평하게 펴세요. 프라이팬에 식용유를 둘러 달군 후 반죽을 올려 노릇노릇하게 구우면 됩니다.

凉拌木耳

목이버섯 무침
량반무얼

말린 목이버섯은 식료품점에서 어렵지 않게 구할 수 있어요.
목이버섯은 짙은 검은 구름이 떠오르는 모양을 하고 있어요.
말린 목이버섯을 뜨거운 물에 담그면 빠르게 부드러워지고,
그 부피도 두 배로 늘어나요.

재료:
말린 목이버섯 한 움큼
길게 썬 작은 양파
채 썬 고수 한 움큼
참기름 몇 방울

양념장:
마늘 두 알
생간장 4순가락
흑미 식초 2순가락(없으면 사과 식초를 써도 돼요.)
설탕 한 꼬집

냄비에 버섯과 뜨거운 물을 넣고, 10분 정도 기다리세요. 그리고 3~4분 정도 끓인 후, 채에 걸러 물을 빼고 식혀 주세요. 버섯이 식으면 아주 잘게 찢어 주세요. 식초, 간장, 설탕, 다진 마늘을 넣고 잘 섞어 양념장을 만드세요. 그리고 버섯과 양파를 양념장에 함께 넣어 섞으세요. 신선한 고수를 뿌리고, 참기름을 몇 방울 떨어뜨리세요. 맛과 향이 배도록 20분 정도 그대로 두세요.

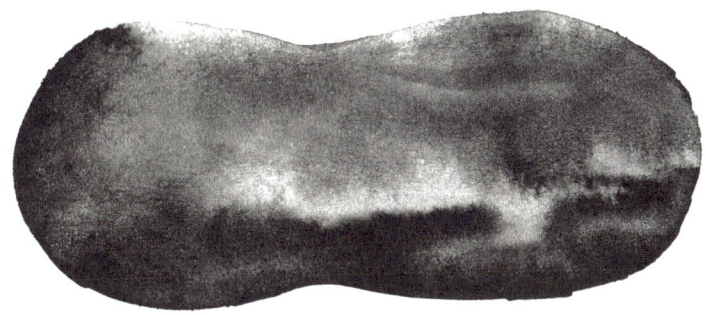

油炸冰淇淋

아이스크림 튀김
유쟈 빙치린

아이스크림 튀김은 서로 대조되는 성질이 조합된 완벽하고 맛있는 후식이에요. 차갑고 부드러운 아이스크림과 뜨겁지만 바삭한 껍질은 마치 음양의 조화처럼 서로를 보완해 주고 조화롭게 완벽한 하나로 결합해요. 게다가 만들기도 어렵지 않아요!

재료:
아이스크림 적당량(바닐라 아이스크림이 가장 좋아요.)
빵가루 1/2컵
코코넛 가루 1/2컵
달걀 흰자 2개
식용유 2컵

빵가루와 코코넛 가루를 잘 섞으세요. 아이스크림 스쿠프를 이용해 아이스크림을 동그랗게 만드세요. 아이스크림 볼을 달걀 흰자에 적신 다음, 판에 굴려 가루를 입히세요. 빵가루 옷을 입은 아이스크림 볼을 랩으로 싸서 그릇에 담은 후 냉동실에서 넣어 얼립니다. 그다음에는 다시 얼린 아이스크림 볼을 꺼내서 가루를 묻히고, 최소 두 시간 정도 다시 얼려 주세요.

적당한 크기의 냄비에 기름을 넣고 달구세요. 기름 온도는
아주 높아야 하지만, 연기가 나면 안 돼요. 냄비에 조심스럽게
아이스크림 볼을 넣으세요. 온도가 맞지 않은 경우에는
아이스크림 볼 주변에서 온천물처럼 기름이 줄줄 흐를 거예요.
아이스크림 볼이 골고루 노릇노릇 익을 수 있게 살살 굴려 주세요.
겉면이 바삭하게 익으면, 냄비에서 꺼내 기름종이에 받쳐 기름을
빼세요. 오목한 그릇에 박하잎, 고수, 석류 등을 곁들여 함께
그릇에 담아냅니다.

221

차례

무엇이든 만드는 공장 ·· 5
중국에 대한 다양한 이야기와 지리 ································ 16
중국어와 한자 ··· 22
반고와 황제 ·· 28
쥐, 말, 닭 십이지 ·· 34
복을 부르는 법 ··· 40
중국의 용 ··· 48
용선, 그리고 영혼을 위한 돈 ······································ 54
월병과 열 개의 해 ··· 61
입이 얼얼한 콩, 웍의 향연 ··· 66
털두부 ··· 72
젓가락 ··· 76
중국 요리사의 비밀 ··· 80
녹차와 꽃차 ·· 92
음과 양 ·· 98
발 마사지, 침과 약초 ··· 102
혈연, 가족, 집단 ·· 108
생일 국수 ··· 114
흑백의 귀염둥이 ·· 118
베이징, 베이징 사람들 ··· 124
금지된 도시, 쯔진청 ·· 130
중국의 관리들 ··· 134

후퉁 골목길 ··· 138
위대한 네 개의 발명품 ······································· 142
    나침반 ··· 144
    화약 ··· 146
    종이 ··· 148
    인쇄술 ··· 150
중국의 또 다른 발명품 ······································· 154
    종이돈 ··· 154
    중국식 주판 ·· 156
    도자기 ··· 158
상하이, 바다의 도시 ··· 160
점토 부대 ··· 166
거대한 성벽 ··· 170
이봐, 짜증 내지 마 ·· 176
아침 체조와 저녁 춤 ··· 180
쿵푸? 우슈? ··· 185
잠자리와 용, 중국의 연 ······································ 188
비단길 ·· 193
기차, 릭샤, 자전거 ·· 198
아주 짧은 중국어 표현들 ···································· 204
츠 판 러마? 식사하셨어요? ·································· 209

글 이자벨라 칼루타(Isabella Kaluta)
중국과 중국의 음식 문화를 사랑하는 문화 담당자이자 편집자, 공무원입니다.
15번이나 중국을 여행했고, 지금도 여전히 다음 여행을 계획하는 중이랍니다.
평소에는 폴란드 북 인스티튜트에서 해외에 폴란드 문학과 아동 도서를 홍보하는 일을 하고 있습니다.
《니하오, 중국》을 썼습니다.

그림 야첵 암브로제프스키(Jacek Ambrożewski)
폴란드 바르샤바 국립미술원에서 그래픽디자인을 공부했습니다.
지금은 일러스트 작업과 그래픽디자인 작업을 하고 있습니다.
《파리의 기념품》과 《니하오, 중국》에 그림을 그렸습니다.

옮김 김영화
한국외국어대학교에서 폴란드어를 공부했습니다.
현재 폴란드에서 공부하면서 폴란드에 대한 호기심을 풀어 가는 중입니다.
옮긴 책으로는 《기상천외 발명백과》, 《버섯과 균》, 《신비로운 음악》 등이 있습니다.

책으로 여행하는 아이 ④
니하오, 중국

초판 1쇄 발행 2019년 4월 15일 | 초판 2쇄 발행 2020년 9월 25일
글쓴이 이자벨라 칼루타 | 그린이 야첵 암브로제프스키 | 옮긴이 김영화
펴낸이 홍석 | 이사 홍성우 | 편집부장 이정은 | 편집 차정민·이은경 | 편집진행 김연희 | 디자인 조은화
마케팅 이가은·이송희 | 관리 김정선·정원경·최우리 | 펴낸곳 도서출판 풀빛
등록 1979년 3월 6일 제8-24호 | 주소 서울특별시 서대문구 북아현로 11가길 12 3층 (북아현동, 한일빌딩)
전화 02-363-5995(영업) 02-362-8900(편집) | 팩스 02-393-3858 | 전자우편 kids@pulbit.co.kr
홈페이지 www.pulbit.co.kr | 블로그 pulbitbooks.blog.me | 인스타그램 instagram.com/pulbitkids

ISBN 979-11-6172-100-2 74910 · ISBN 979-11-6172-007-4 (세트)
이 도서의 국립중앙도서관 출판예정도서목록(CIP)은 서지정보유통지원시스템 홈페이지(http://seoji.nl.go.kr)와
국가자료공동목록시스템(http://www.nl.go.kr/kolisnet)에서 이용하실 수 있습니다. (CIP제어번호:CIP2018038979)

ⓒ Copyright for the text by Izabella Kaluta, 2018
ⓒ Copyright for the illustrations by Jacek Ambrozewski, 2018
Originally published in 2018 under the title "Man Zou! Chiny dla dociekliwych" by Wydawnictwo Dwie Siostry, Warsaw
Korean Translation Copyright ⓒ 2019 by PULBIT publishing co.
All rights reserved.
The Korean language edition is published by Wydawnictwo Dwie Siostry with Pulbit publishing company, Seoul.

이 책의 한국어판 저작권은 Wydawnictwo Dwie Siostry 와의 독점 계약으로 "도서출판 풀빛"에 있습니다.
저작권법에 의해 한국 내에서 보호를 받는 저작물이므로 무단전재와 무단복제를 금합니다.

*이 책에 나오는 지명과 인명은 국립국어원의 외래어 표기법을 기준으로 하였습니다.
*책값은 뒤표지에 표시되어 있습니다.
*파본이나 잘못된 책은 구입하신 곳에서 바꿔드립니다.

품명 아동 도서　　　　사용연령 8세 이상
제조국 대한민국　　　제조년월 2020년 9월 25일
제조자명 도서출판 풀빛　연락처 02-363-5995
주소 서울특별시 서대문구 북아현로 11가길 12 3층 (북아현동, 한일빌딩)
주의사항 종이에 베이거나 긁히지 않도록 조심하세요.
　　　　책 모서리가 날카로우니 던지거나 떨어뜨리지 마세요.
KC마크는 이 제품이 공통안전기준에 적합하였음을 의미합니다.